经济管理学术文库·经济类

我国体育产业信息网站运营模式研究

WOGUO TIYU CHANYE XINXI WANGZHAN
YUNYING MOSHI YANJIU

张春萍　李世民 / 著

图书在版编目（CIP）数据

我国体育产业信息网站运营模式研究/张春萍，李世民著．—北京：经济管理出版社，2016.9

ISBN 978-7-5096-4457-7

Ⅰ.①我… Ⅱ.①张… ②李… Ⅲ.①体育产业—网络营销—经营方式—研究—中国 Ⅳ.①G812

中国版本图书馆 CIP 数据核字（2016）第 126022 号

组稿编辑：张永美
责任编辑：杨国强　张瑞军
责任印制：黄章平
责任校对：王　淼

出版发行：经济管理出版社
　　　　　（北京市海淀区北蜂窝 8 号中雅大厦 A 座 11 层　100038）
网　　址：www.E-mp.com.cn
电　　话：(010) 51915602
印　　刷：北京九州迅驰传媒文化有限公司
经　　销：新华书店
开　　本：720mm×1000mm/16
印　　张：12.75
字　　数：188 千字
版　　次：2016 年 9 月第 1 版　2016 年 9 月第 1 次印刷
书　　号：ISBN 978-7-5096-4457-7
定　　价：45.00 元

·版权所有　翻印必究·

凡购本社图书，如有印装错误，由本社读者服务部负责调换。
联系地址：北京阜外月坛北小街 2 号
电话：(010) 68022974　邮编：100836

序　言

　　体育与互联网不断融合发展，体育产业的信息化发展已经成为趋势，体育产业信息网站作为体育产业信息化的主要产物，逐步兴起并且发挥作用，这对于我国体育产业的可持续发展具有一定价值。体育产业信息网站应成为信息发布、商务互动平台，整合资源促进产业快速发展，但目前我国体育产业信息网站尚未长足发展，行业与社会影响力不显著，运营过程存在一定问题，与市场、社会需求不相适应，极有必要从应用与理论角度重新梳理其运营模式。

　　本书以我国体育产业信息网站的运营模式为主要研究对象，同时以互联网、"互联网+"、"体育产业"、"互联网+体育"、国外体育产业信息网站、非体育行业网站等为辅助研究对象；运用文献资料法、案例分析法、调查研究法、实地考察法等，对我国典型体育产业信息网站的分类、栏目设置、技术支持及目标功能等方面进行运营分析，找出相应问题，并借鉴国外成功经验，从原则、定位、内容、功能、盈利模式、推广方式等探索建立适合我国发展的体育产业信息网站的运营模式。

　　本书共包括九章内容。第一章为概述，主要说明本书的研究背景、研究目的与意义、研究对象与方法、文献综述、理论基础，并界定了体育产业、信息、盈利模式、运营模式的概念。第二章为互联网的产生和发展，阐述了国内外互联网的产生和发展情况，并对我国互联网发展相关政策、互联网技术的发展、"互联网+"的产生和发展、我国网站发展现状进行了说明。第三章为体育产业的产生和发展，阐述了国内外体育产业的产生和发展，并对我国体育产业的产生和发展阶段、发展现状、相关政策进行了说明。第四章为体育与互联网的融合发展。第五章为我国体育产业信息网站运营模式，首先阐述了国外体育产业信息网站发展现状，并对国外典型体育产业信息网站——Sportcal 网站运营进行了分析；其次从网站分类、栏目设置、技术支持、特征、目标功能、盈利模式、建站流程等方面分析了我国体育产业信息网站运营模式。第六章对我国体育产业信息网的案例分析，对我国体育产业信息网运营模式进行了分析。第七章为我国体育产业信息网站运营模式存在的问题。第八章为我国体育产业信息网站运营模式优化原则及策略。第九章说明了本书研究结论和展望。

本书的主要创新点：重点研究我国体育产业信息类网站的运营模式，此类研究相对较少；注重实证分析，从我国体育产业信息类网站运营的实际需求出发，结合典型网站进行调查研究，可信度较高，如中国体育产业信息网、体育资讯网、国家体育总局官网等；通过与体育界、互联网领域相关专家及管理者进行访谈交流，兼具理论价值和实践价值，科学性较高；对国外体育产业信息类网站的建设与运营进行介绍，并对典型网站进行说明与分析；重新构建了我国体育产业信息类网站运营模式，有益于我国体育产业信息类网站运营模式的发展与完善。

本书的顺利完成，要感谢同行业专家学者所提供的理论和实践支持，感谢本书所调研网站的协助和配合，感谢关心和支持本书的所有人员。同时，由于笔者在体育产业信息网站领域研究经验欠缺，研究层次和深度有待进一步提高，所以本书有许多缺点和不足，敬希读者批评。本书的后续工作将继续进行，努力完善和进一步研究体育产业信息网站的运营模式，更加细化研究成果。

目 录

第一章 概 述 ·· 1

第一节 研究背景 ·· 1
第二节 研究目的与意义 ·· 2
 一、研究目的 ·· 2
 二、研究意义 ·· 3
第三节 研究对象与方法 ·· 4
 一、研究对象 ·· 4
 二、研究方法 ·· 4
第四节 文献综述 ·· 5
 一、有关"运营"、"运营管理"的相关研究 ··············· 5
 二、有关"模式"、"管理模式"的相关研究 ··············· 9
 三、有关"运营模式"的相关研究 ························ 10
 四、有关"网站运营"、"网站运营模式"的相关研究 ······· 13
 五、有关"体育网站"、"体育产业信息网站运营模式"的相关
  研究 ·· 16
第五节 理论基础 ·· 18
 一、运营管理理论 ·· 18
 二、网络营销理论 ·· 20
第六节 概念界定 ·· 25
 一、体育产业 ·· 25

二、信息 …………………………………………………… 26
三、盈利模式 ………………………………………………… 26
四、运营模式 ………………………………………………… 27

第二章 互联网的产生和发展 …………………………………… 29

第一节 国外互联网的产生和发展 …………………………… 29
第二节 我国互联网的产生和发展 …………………………… 34
一、我国互联网的产生和发展概述 ………………………… 34
二、我国互联网发展相关政策 ……………………………… 39
三、互联网技术的发展 ……………………………………… 44
四、"互联网+"的产生和发展 ……………………………… 48
五、我国网站发展现状 ……………………………………… 53

第三章 体育产业的产生和发展 …………………………………… 57

第一节 国外体育产业的产生和发展 ………………………… 57
第二节 我国体育产业的产生和发展 ………………………… 67
一、我国体育产业的产生和发展阶段 ……………………… 67
二、我国体育产业发展现状 ………………………………… 69
三、我国体育产业发展相关政策 …………………………… 74

第四章 体育与互联网的融合发展 ………………………………… 81

第五章 我国体育产业信息网站运营模式 ………………………… 87

第一节 国外体育产业信息网站发展现状 …………………… 87
一、国外体育产业信息网站发展概览 ……………………… 87
二、Sportcal 网站运营分析 ………………………………… 100
第二节 我国体育产业信息网站运营模式分析 ……………… 101
一、网站分类 ………………………………………………… 101

二、栏目设置 ………………………………………………… 120
　　三、技术支持 ………………………………………………… 121
　　四、特征 ……………………………………………………… 123
　　五、目标功能 ………………………………………………… 124
　　六、盈利模式 ………………………………………………… 125
　　七、建站流程 ………………………………………………… 127

第六章　案例分析：中国体育产业信息网 ……………………… 131
　第一节　中国体育产业信息网发展历程 ……………………… 131
　第二节　中国体育产业信息网运营模式 ……………………… 132
　　一、网站定位 ………………………………………………… 132
　　二、网站内容 ………………………………………………… 132
　　三、栏目设置 ………………………………………………… 133
　　四、盈利模式 ………………………………………………… 134
　　五、服务范围 ………………………………………………… 134
　　六、优化措施 ………………………………………………… 135

第七章　我国体育产业信息网站运营模式存在的问题 ………… 137

第八章　我国体育产业信息网站运营模式优化原则及策略 …… 141
　第一节　优化原则 ……………………………………………… 141
　第二节　优化策略 ……………………………………………… 142

第九章　结论与展望 ……………………………………………… 147
　第一节　结论 …………………………………………………… 147
　第二节　展望 …………………………………………………… 148

附　录 ·· 149

　　附录一　专家访谈提纲 ······································· 149

　　附录二　国务院关于积极推进"互联网+"行动的指导意见
　　　　　　（节选）··· 151

　　附录三　体育发展"十三五"规划（节选）················· 166

　　附录四　2015 中国"互联网+体育"报告（节选）
　　　　　　——艾瑞咨询 ··· 178

参考文献 ·· 189

第一章 概 述

第一节 研究背景

如今,我国体育产业发展受到政府与相关各界的高度重视,取得了令人瞩目的成果,体育产业正以"朝阳产业"的角色在经济和社会发展中发挥着日益重要的作用。2014年10月,《国务院关于加快发展体育产业 促进体育消费的若干意见(国发〔2014〕46号)》(以下简称《意见》)发布,《意见》指出,要"发挥市场作用,遵循产业发展规律,完善市场机制,积极培育多元市场主体,吸引社会资本参与,充分调动全社会积极性与创造力,提供适应群众需求、丰富多样的产品和服务"。该《意见》为我国体育产业发展提供了最新的政策支持,鼓励社会团体进入体育产业,大力助推我国体育产业良性发展。

同时,体育产业逐步与互联网相互融合,O2O、B2B、B2C等商业模式作用于体育产业,"互联网+体育"已经成为体育产业发展的新趋势。根据第37次《我国互联网络发展状况统计报告》,截至2015年12月,我国网民规模达6.88亿人,全年共计新增网民3951万人,互联网普及率达50.3%,较2014年底提升2.4个百分点。我国网络受众人数多,市场广阔。同时,随着我国体育产业不断良性发展,相关信息日益增多,人们对于网络上体育产业信息资源的需求和要求不断增多和提高。百度指数显示，2015年关键词"体育"整体搜索指数平均值为45067条，同比增长28%。以媒介传播为主要内容的体育产业信息网站的逐步发展，对于优化体育资源配置、提升体育资源利用率具有重要作用，能够为公众和相关组织提供便捷的信息获取渠道。

第二节 研究目的与意义

一、研究目的

（一）整体概述我国体育产业信息网站发展现状

随着我国体育产业跨越式发展，体育产业信息网站逐步兴起，各相关体育组织，包括国家体育总局及相关企业等，为体育产业信息网站的建设和运营提供了一定的资源，当前我国体育产业信息网站的发展已经取得了一定成绩。首先本书将尽可能全面搜集我国所有处在运营中的体育产业信息网站，并进行归类。其次在各分类中选取3~5个具有代表性的网站作为实例，研究其网站定位、网站内容、网站盈利模式、网站推广方法等。再次归纳出我国体育产业信息网站的主要特征，拟从发展阶段、发展方向等方面进行说明。最后提出我国体育产业信息网站的目标功能，拟从形象展示、信息发布、商务合作、资源整合等方面进行阐释。

（二）结合网站运营实际和相关理论分析典型案例

课题组负责人担任我国体育产业信息网特约专家，课题组成员进入我国体育产业信息网的运营公司任职，实际参与网站具体运营。我国体育产业信息网主要为各运动协会、产业基地、体育企业及关注和支持体育产业发展的投融资机构、知名企业、服务中介等，提供体育项目招商、体育产业无形资产开发与转让、体育企业股权交易、体育实物资产交易、体育项目融资、体育收藏品等服务。本书将结合企业运营管理、网站运营模式等理论，拟从网站分类、栏目设置、技术支持及目标功能等方面分析我国体育产业类信息网现状，并就相关问题提出优化策略。

(三) 探索建立我国体育产业信息网站运营模式

体育产业信息网站是一个信息化的过程，其可以通过网络平台满足不同体育产业信息获取者的需求。我国体育产业信息网站的运营不仅要满足公众获取体育信息需求，更要通过网站开展商务合作，提供定制服务。体育产业信息网站运营者应该利用各类技术、策略、方法优化运营模式，使其更能符合不断发展的体育市场需求，这样才能完善和创新体育产业信息网站运营模式，提升竞争优势。本书将参考各类网站运营模式，从网站核心产品及功能、盈利模式、运营团队、运营流程等方面构建我国体育产业信息网站的运营模式。

二、研究意义

(一) 有利于丰富网站运营模式理论研究的系统性与全面性

目前，网站运营模式理论多用于研究其他行业，而对于体育产业这种既包括有形的体育用品又包括无形的体育服务，并且服务属性突出的特色领域研究还比较少。从体育产业信息网站运营者的角度研究其运营模式，视角新颖，内容丰富，网站运营模式理论与实践充分结合，并注重完整的分析网站运营整体过程，使研究更具系统性。

(二) 有利于拓展企业运营模式理论的应用范围

目前，互联网体育已经成为体育产业热门理念，互联网为体育产业拓宽了发展渠道，"互联网+"是对传统产业更新方式的重大突破，将发挥重要的作用与功能。体育产业的潜在社会效益和经济效益不断提升，体育产业相关信息日益增多，人们对网络上体育产业信息资源的需求渐增。随着此类网站不断发展，如何合理化其运营模式引起社会广泛关注。对于体育产业信息网站运营模式的相关研究较少，企业运营模式的研究成果可以为体育产业信息网站的运营提供理论基础。

(三) 有利于促进我国体育产业信息网站的发展

尽管我国体育产业信息网站近年发展迅猛，但网站运营模式方面存在较多问题，不能满足体育市场主客体体育产业信息资源的需求。课题组通过实际参与和调研我国典型体育产业信息网站的运营，借鉴国外成功经验，针对目前我国体育产业信息网站运营过程中存在的相应问题提出建议，并探索建立体育产业信息网站运营模式，促进我国体育产业信息网站的发展。

第三节 研究对象与方法

一、研究对象

本书以我国体育产业信息网站的运营模式为主要研究对象，着重研究主办机构为企业的网站、企业化运营的网站、行政单位与企业合作运营的网站；同时，以互联网、"互联网+"、"体育产业"、"互联网+体育"、国外体育产业信息网站发展情况、非体育行业网站发展情况等为辅助研究对象。

二、研究方法

（一）文献资料法

根据研究需要，通过国家图书馆、北京体育大学图书馆查阅大量有关管理学、计算机科学等多种基础理论方面的书籍；广泛查阅企业运营管理、网站建设运营等专业书籍，通过中国知网、百度、谷歌等网络资源收集、整理互联网、"互联网+"、"体育产业"、"互联网+体育"、运营模式、网站运营管理等相关资料，阅读有关我国体育产业、互联网、体育产业信息网站相关的政策、法规、文件等，从而确定本书的研究方向、内容及理论与方法依据。

(二) 实地考察法

课题组负责人担任我国体育产业信息网特约专家，课题组成员在本书研究案例之一"中国体育产业信息网"的运营公司宏育（北京）科技发展有限公司任职，通过实际参与网站具体运营，获取第一手资料，增加感性认知。由此课题组对网站运营的整个过程和具体工作有切身的体会和感受，为本书的案例研究提供了第一手资料。

(三) 专家访谈法

为切实解决本书研究的基础性、关键性问题，课题组对我国体育产业信息网站各高层管理人员进行访谈，围绕网站定位、网站功能、盈利模式、推广方式及技术支持等方面，获得网站运营相关的数据和资料，吸取了建设性的意见和建议，以此为提高研究的可行性和有效性创造条件，同时为结题报告的理论构架提供了现实依据，拓宽撰写思路。另外，课题组与体育界、互联网领域的相关专家、高层管理者、相关体育部门官员进行交流探讨，以丰富并增强本书研究的主要内容。访谈提纲见本书附录一。

(四) 案例分析法

本书选取英国的 sportcal 网站（www.sportcal.com）和中国体育产业信息网（www.sportsii.cn）分别作为国外和国内典型的体育产业信息网站进行案例分析。对 sportcal 网站的发展历程、主要产品和服务、网站内容进行了阐述和分析；对中国体育产业信息网的运营模式进行了阐述分析，包括发展现状、运营团队、盈利模式、服务设计、栏目设置等内容。

第四节　文献综述

一、有关"运营"、"运营管理"的相关研究

《辞海》中定义"运营"为"（车船等）运行和营业"。

黄宪律在《MBA生产运营管理精华读本》中提到，管理学科源于制造业，最初主要限于对有形产品的生产研究，其学科被称为"生产管理"。后来，随着经济的发展、技术的进步和生活水平的提高，对有形产品形成之后相关服务的需求不断提高，相关的行业也在不断扩大。因此，对所有这些提供无形产品（即提供服务）运营管理的研究应运而生。而且无形产品的生产过程与有形产品的运营过程都具有下述共同特征：①都能够满足人们的某种需求，即都具有一定的使用价值；②都存在着"投入—变换—产出"的过程，即都要投入一定的资源，经过一系列形式的转换，向社会提供某种形式的产出（有用的产品），实现价值增值；③都需要面对市场，把设备和人员组织起来，进行计划、组织、控制。人们开始把对无形产品"生产"的管理研究纳入生产管理的范畴，或者说，生产管理的范围从制造业扩大到服务业。这种扩大了的"生产"概念，在西方管理学界被称为"Operations"，即运营（有的译为运作、作业、业务）。其把生产运营定义为，对一个组织（包括企业或其他任何形式的组织）的生产运营管理系统的战略决策、设计、运行、控制与改进。

申元月主编的《生产运作管理》一书将运营定义为"是一切社会组织将它的输入转化为输出的过程，是一个投入一定的资源，经过生产运作系统的转换，使其价值增值，最后以某种形式的产出提供给社会的过程"。

爱德华·M.诺德和理查德·J.舍恩伯格在《运营管理：满足全球顾客需求》中定义，"运营管理是一系列创造、实施和过程改进的活动，它将输入的资源转化为输出的产品或服务。运营管理活动存在于企业各个方面，它针对的活动涉及企业各个层面，包括工作中的某一个具体环节以及企业范围内的活动。"

APICS（Association for Operations Management）即运营管理协会，对运营管理定义：运营管理是应用设计工程、工业工程、管理信息系统、质量管理、生产管理、库存管理、会计和影响机构运作的其他职能的概念，以对生产或服务机构进行有效的规划、利用和控制。

美国运营管理经典教科书 Operations Management for Competitive Advantage 对运营管理的定义是：运营管理是设计、运作和提高公司的整个体系，以制造并提供产品和服务。

王丹的《西方运营管理领域研究现状的分析——基于运营管理3个顶级期刊（2006~2011）的文献》以2006~2011年发表在"Journal of Operations Management、International Journal of Operations and Production Management"和"Production and Operations Management"期刊上的883篇学术论文为研究对象，采用基于量化分析的定性研究方法，结合运用 N VivoS 软件分析工具，通过频次分析和时间序列分析等数学分析工具，探讨了近六年西方运营管理领域的研究主题、实证研究方法及研究学者的基本状况，并指出了未来可能的研究趋势。研究表明，运营管理研究主题已经从库存控制、作业计划、流程设计和综合计划等战术性的视角转向更具战略性与综合性的研究视角，如供应链管理、制造战略、服务运营、绩效管理、质量管理、产品开发与设计、精益生产、资源计划系统和跨学科研究等主题。三个期刊研究的侧重点存在着差异性，"Journal of Operations Management"研究的重点是供应链管理、制造战略、服务运营和质量管理；"International Journal of Operations and Production Management"研究的重点是供应链管理、制造战略、绩效管理和服务运营；"Production and Operations Management"研究的重点是供应链管理、服务运营、跨学科研究和制造战略。供应链管理的研究主要集中在供应链关系管理、基于电子商务的供应链管理、环境意识型供应链管理、供应链风险管理及供应链的物流管理等方面；对制造战略的研究主要集中在战略内容上，而对战略过程的研究相对较少；绩效管理研究的主要关注点是绩效的影响因素，对绩效评估测量的研究不足；服务运营主要集中在顾客满意度和服务质量上，对新服务的开发是此主题新的关注点；质量管理主要关注 ISO9000 系列、六西格玛和供应链质量管理；精益生产系统主要是对其模式及与绩效的关系研究；跨学科研究集中在营销和运营管理相结合的研究，还有少量研究关注财务和人力资源管理对运营管理的影响。供应链管理、制造战略、服务运营和绩效管理由于其重要性仍将成为学者持续热衷的研究焦点，物料管理、物流和订单履行、柔性制造系统、先进制造技术、项目管理、技术管理和组织变革仍是运营管理领域面临的重要现实挑战，值得花费时间和精力加以研究。研究学者对新兴研究主题也产生了极大的兴趣，如非营利性组织、服务和制造边界的模糊化、产品和服务的模块化、资源在运营管理研究方法上，学者已经从建模与仿真方法中抽离，转而更多地采用实证研究方法。在实证研究数据收集的方法中，问卷调查和案例研究占主导地位，但问卷调查可能出现下降趋势；二手数据和多研究方法得到了较广泛的应用，并呈现上升趋势；行为研究、访谈法、关键事件法和实验法等方法应用较少。研究学者的分布呈现多地域化特征，但主要集中在两个地域：美国和加拿大组成的北美地域；英国、荷兰、西班牙、瑞典和意大利等组成的欧洲地域。中国、韩国、新加坡、澳大利亚等亚洲和大洋洲国家也有学者在期刊上发表论文，但数量相对较少。学者之间的合作形式也呈现多样化，有校内合作、校际合作和国际合作等，而且校际合作和国际合作的比重不断增加。

李雪在《现代企业运营管理的发展方向》中阐述了现代企业运营管理的发展趋势：现代运营管理的涵盖范围越来越广；现代企业运营管理中获得的经济效益对企业发展的影响越来越大；信息技术成为运营系统控制和运营管理的重要手段。

桂明晖在《企业运营管理活动绩效考核指标的确定》中基于财务维度（主要通过财务指标从股东的角度来考察企业的成长性、盈利能力）、客户维度（主要从客户角度考察企业的价值创造能力）、内部流程维度（主要从企业自身角度考察其内部管理能力）、学习与成长维度（主要从企业的组织环境角度考察其成长和创新能力）四个维度，把企业运营管理活动绩效考核指标分为结果指标、流程指标、管理行为指标三大类，结果指标对应财务维度，流程指标对应客户和内部流程维度，管理行为对应学习与成长维度，分别从结果、流程和基础三个角度考核企业绩效目标的实现。

Birge J. R. 在 "Operations and Finance Interactions" 中介绍了运营和财务及其相互关系，并对运营和财务相互间作用的经验表达看法。其认为关键是企业运营往往忽视财务方面的考虑，如投资者及其他市场参与者，但实际上财务与市场经济对运营决策的影响是显著的。其重点讨论了金融活动对运营作用的潜力性，并提出了运营决策如何影响财务决策的新观点。

W. E. Sasser, R. P. Olsen, D. D. Wycko 所著"The Management of Service Operations"的目的包括三个方面：第一，记录了美国服务业的快速发展；第二，比较了服务运营和制造运营中不同的管理任务；第三，在哈佛商学院概述了一门新的课程，即服务运营管理，该课程旨在明确服务业企业管理者所面对的运营和战略问题。

二、有关"模式"、"管理模式"的相关研究

《辞海》中定义"模式"为"事物的标准样式"。

王迎春在《我国特色社会主义文化发展模式研究》中讲到，"'模式'一词源于英文'Mode'的译音，它是一个多层次含义的术语，具有'模本'、'范型'、'范式'等含义。模式是中性的，既包括这种行为方式的优点，也包含其缺点、面临的挑战和存在的问题。它不是千篇一律的，而是多种多样的；它不具有普适性，会因主体及其条件的不同而不同。在社会科学中，模式既可以是体制、制度，也可以是经验、道路"。

刘爱武在《国外我国模式研究》中指出，"在社会学中，模式是研究自然现象或社会现象的理论模式和解决方案，同时也是一种思想体系和思维方式"。

郑和平在《企业管理模式理论及中国企业管理模式方向分析》中提出管理模式主要包括结构模型和支撑模型。结构模型包括：企业文化和经营理念，是管理模式运行的价值前提和刚性标准，在管理模式中处于核心地位；决策和领导体制，是指企业为进行有效的决策活动而相应地设置的组织结构与组织关系，以及保证决策过程运行的制度和方法；管理技术，技术的本质是有效使用资源的手段或途径，从这个意义上讲，管理方法和管理规程两方面都是管理技术的内容；管理体制和规章，管理体制包括职能分工、信息和指令传递系统，规章制度包括从产权制度到企业内部制度等

各个方面，它是企业和企业中人的行为尺度及标准。支撑模型说明支撑管理模式存在并有效运转的要素，以及要素之间的联结关系，包括：目标市场，目标市场对管理模式的支撑作用不仅体现在一般所说的市场的决定作用，还体现在目标市场的规模、性质、结构和跨度对管理模式结构及运行过程的影响；企业目标，是企业在其价值前提下企业目的的具体化，也是管理模式存在的具体前提；人的素质，人是管理模式运行的原动力，人的素质在很大程度上决定着管理模式运行状态和最终效果；产品技术，产品技术包括实现产品功能的设计技术，也包括产品加工过程中的工艺技术。

卢启程在《企业管理模式的理论与发展研究》中定义的管理模式是面向实际应用的，当代管理理论和方法在一定情境中相对稳定的组合和综合应用范式，其具有时代性、可操作性、理论和方法的选择性及组合性、相对稳定性以及长期变化性等特征。卢启程认为管理模式的结构要素包括五个方面：产权制度、企业文化和经营理念、决策及领导模式、管理技术、管理体制和组织模式。其中，产权制度是核心要素，因为在企业模式中产权制度是起决定作用的要素，也是其他四个要素发挥作用的基础。同时，管理模式的支撑要素包括员工、产品和服务、企业战略目标和顾客。以上这些要素只有在企业管理中按照一定的规则产生互动，才能发挥各要素应有的作用。这种规则有自组织形式和层级管理形式。自组织形式是经济系统自我形成、自我组织、自我实施；层级管理形式指由政府或高层次经济系统为低层次经济系统直接设定，由外部权威监督实施的制度。支撑要素支撑管理模式存在并有效运转，是管理模式存在和有效运转的主要情境要素，与管理模式一起构成企业有效运行的系统整体。如果结构要素残缺，会导致整个管理模式功能不足或者偏执，而支撑要素不健全，将会影响整个企业系统的存在。

三、有关"运营模式"的相关研究

张银杰著的《社会主义经济理论》中定义"运营模式是指企业内部人、财、物、信息等各要素的结合方式，这是商业模式的核心层面"。

汪涛、李威在《我国移动通信运营商运营模式分析》中认为,"运营模式"也称"商业模式"、"盈利模式"、"企业设计"等,并定义"运营模式是企业为实现盈利目标而采取的方式方法,是企业对主要战略和经营层面的活动,包括客户选择、价值获取、战略控制和业务范围等进行设计,最终形成有助于利润实现的操作路径的组合"。

胡涛在《我国三网融合运营模式研究》中定义,"运营模式是企业为了组织管理的实现而选择的手段,一般可分为产品运营模式、战略运营模式、管理运营模式、技术运营模式、销售运营模式等"。

唐华建在《企业运营模式的再完善》中建议,有效整合企业内外资源,进一步加强内部组织管理,实现共性与个性发展的有机结合,做到近期与长期目标的统筹兼顾。

胡精超在《我国老年人家庭运动健康服务运营模式研究》中将运营模式分为非盈利性运营模式和商业模式,既分析了非盈利性运营模式的概念、特点、作用意义、理论基础,又分析了商业模式的概念、构成要素、种类形式、特点、理论基础及商业模式的作用。

武海媛在《我国社会企业运营模式研究》中认为,运营模式是指企业内部人、财、物、信息等各要素的结合方式,它是商业模式的核心层面,如果缺乏合理有效的运营模式,即使再高效的销售模式也会由于缺乏持续而优质的产品服务供应变得空心化,微软的产品更新换代模式、麦当劳的房地产零售模式、安利的开发与生产结合模式、携程的低价酒店经营模式等都是比较有特色的运营模式,可以说当今社会企业之间的竞争,不仅是产品之间的竞争,也是运营模式之间的竞争。

夏春在《产业融合下的企业运营模式变革》中认为,产业融合下实体企业与虚拟企业相结合,即虚实相生的运营模式,是一种从最大限度发挥和提升企业核心竞争力、以共赢为目的的全新企业合作模式,它运营的核心内容是,强调充分利用已有的资源优势,通过组织动态联盟,快速响应市场变化,把企业有限的资源集中在附加值高的部门;在保持竞争优势的基础上,强化产品品质、成本及周期等其他能力的平衡;时刻关注市场的动向,一旦利益受损,立即以高弹性调整策略目标,优化组合方式。

陈捷在《F企业运营管理模式研究》中建立了一种新的运营模式——圆和椭圆管理模型。以企业家精神及其所造就的企业文化为原点,将学习创新定义为中轴(Y轴),原点向下(Y轴向下)为企业员工对学习态度和执行程度,向下扎根为学习,向上(Y轴向下)为利用所学,积极创新发展;将执行力和对客户影响力定义到X轴两边,左边为执行力,右边为影响力。而企业家在各个层面上的影响力是呈圆形往外发散,随企业规模的扩大,越到外层,企业家影响力越弱,直至接近一个临界点后,企业家精神和企业文化不再对内部企业人员或者所拥有的顾客有影响。所以以企业家精神为原点,以XY定义后的两轴为坐标轴,可以画一个圆,这个圆内,可以定义为企业影响力,而圆外则为非企业影响力。再以之前确认的企业家精神为原点,以团队及体系为两个焦点,依靠团队和体系对内外作用力,画出一个椭圆模型。同时,沿执行力方向、椭圆和执行力交点做一条垂线,这条垂线可以定义为企业愿景线,因为企业愿景是要经过努力可以达成的且不断成长变化的;同样在影响力和椭圆交点,作一条垂线,这条线可以定义为客户市场线,只有为企业所用的客户才是企业自己的客户,客户在企业影响力不断提高或者减弱后,是会发生变化的。将影响企业除场地以外的四要素:人、机、产品和法纳入作出图形的四个象限:第一象限定义为产品;第二象限定义为机器设备;第三象限定义为人;第四象限定义为方法,加工方法、检验方法和使用方法等。

徐水尚在《虚拟企业运营模式》中阐述了哈佛大学马格丽特教授关于企业运营模式的观点:企业运营模式自身最核心的要素有三个方面,即运营模式概念、价值和能力。后人延续了马格丽特的研究,在原有的三要素中加入了实现方式这一要素,形成了企业运营模式的四要素模型:概念,定义了市场机会、产品与服务、战略定位等;价值,指企业所能够为顾客、员工和股东提供和创造的价值;能力,主要指企业为客户创造价值的能力,包括企业的核心能力、营销模式、组织与文化以及资源等;实现方式包括手段、流程、支撑系统、渠道、媒介、载体、合作等。它具体化了企业运营模式的概念，促使核心能力的形成，将概念和能力转化成为价值。这是因为新的企业运营模式产生于新的概念和新的视角，但概念本身并不创造价值，它必须找到成功的实现方式才能转化为价值。这四者缺一不可，同时密切相关，其中实现方式将概念、价值和能力结合在一起，并促使这三种要素相互作用进入一种良性循环。它们之间的差异以及它们之间相互关系的差异构成了企业运营模式的独特性。

亚德里安·J.斯莱沃斯基、大卫·J.莫里森等著，凌晓东、刘文军等译的《发现利润区》（The Profit Zone）中提出，分析运营模式要侧重四个方面：①如何选择客户群；②如何获取价值；③如何实现产品或服务差异化，如何实施战略控制；④如何确定业务范围。同时提出"为了在新环境中取胜，以客户为中心和以利润为中心的观念是至关重要的"。

加里·哈默尔著，曲昭光、赖溟溟译的《领导企业变革》中对运营模式进行了剖析，认为运营模式包括四部分：①核心战略——企业选择如何竞争的基础；②战略资源——公司竞争优势所依赖的独特的具体资源；③客户界面——公司与客户发生接触的所有关系总和；④价值网络——以企业为中心，补足和扩大企业自有资源。

四、有关"网站运营"、"网站运营模式"的相关研究

赵守香编著的《网站运营与管理》从网站生命周期角度阐述网站运营与管理，对网站运营中存在的问题进行分析并提出对策。她提出网站运营包括网站宣传推广、网络营销管理、网站的完善变化、网站后期更新维护、网站的企业化操作等，其中最重要的是网站推广和维护，并定义网站运营是指网络营销体系中一切与网站的后期运作有关的工作。

王仁彦在《数据挖掘与网站运营管理》中按照网站提供的服务进行分类，对内容类网站、交易类网站、社区互动类网站等网站运营模式进行描述，并提出网站运营内容包括网站设计与规划、用户需求分析与整理、网站内容建设、网站维护与改进等。

徐建春在《百度运营模式研究》中使用"5W2H"分析法，即"What、

Who、When、Where、Why"和"How do、How much",译成中文为"何事、何人、何时、何地、何因"和"怎样做、需要花费多少钱",对百度运营模式进行分析。

张凯在《基于BPR的专业性网站运营模式研究》中对常规网站运营模式和专业性网站运营模式进行了描述,并基于企业流程再造理论(Business Process Reengineering,BPR)重新构建专业性网站运营模式,包括网站的标准与制作规范再造、网站的资源整合及网站内容展现再造、网站运营基础辅助系统的再造、网站推广方法再造、网站硬件组成和安全防护的再造等。

赵坤在《商业网站盈利模式分析》中认为,从追求受众流量到追求价值创造是商业网站提高盈利能力的理论选择;高度重视新技术对商业网站盈利能力带来的战略机遇是提高商业网站盈利能力的技术选择;针对顾客需求整合价值链,实现信息流、资金流与物流的整合,是商业网站提高盈利能力在营销策略上的选择。

谢人强在《基于SEO策略效果的网站建设与运营》中提出,网站建设与运营的重点策略包括:做好网站外链建设,做好网站结构的优化,做好网站页面的优化,注意网站服务器的选择。

郝倩在《企业网站建设与运营维护》中表示:只有把网站做成企业和客户之间的有效纽带,网站才能真正发挥作用。另外,企业在网站建设中还应该多关注自己特定的客户群,通过多种形式与客户保持沟通,吸引客户不断地通过网站和企业进行交流,从而加深与客户的关系,为企业发展提供服务。

蒋黎在《网站运营分析系统设计与实践》中提出,网站运营分析的内容包括:自定义链接查询,网站访问量分析,访问者环境分析,内容分析,每日分析。

陈锐彬在《Web 2.0时代网站运营模式发展趋势分析》中提出,多种业务的开展关键还是整合,不能为了提供某种服务而提供,要处处围绕主题,做到对目标客户需求的周到服务,现在的网站运营越来越有垂直化的倾向，大而全的门户时代已经过去，垂直化的深度挖掘要求网站所开展的业务不能散而无力，必须是紧紧围绕主题概念精确有效地开展。

田庆华在《打造互联网商业运营模式》中阐述国外互联网业务发展的成功启示包括：战略清晰，与ICP的成功合作，为企业用户、个人用户提供专业化、个性化服务，资费合理，政府对宽带互联网的大力扶持和推动，ISP与ICP的紧密合作，形成了完整的互联网产业链。

马琳、宋俊德、宋美娜在《开放平台：运营模式与技术架构研究综述》中提出，在构建开放平台运营模式的时候需要遵循的原则包括：统一文化，明确职责，协同合作，公平透明，开放共赢。

李雪梅在《旅游网站的运营模式研究》中对国内外不同类型的典型旅游网站在运营环境、服务类型、服务对象（针对的客户群）、营销方式、运作模式、盈利模式等多方面进行比较分析，初步探讨了我国不同类型旅游网站运营的最佳模式。

刘晓红在《我国电子商务O2O运营模式研究——以H公司为例》中阐述我国电子商务O2O运营模式特点包括：线上线下相结合的本地业务，在线支付、营销效果的数据监测，O2O运营模式规模大、效益高，物流成本较低。

槐孕才的《政府信息网站建设问题与对策研究》研究了政府信息网站及政务信息资源的基本概念、网站特点和功能、存在的问题及原因，并对我国省部级政府信息网站政务信息资源建设情况进行了抽样调查分析，在此基础上，提出了我国政府信息网站政务信息资源建设的发展方向和具体策略。

Raza Saqi在"Synergistic Network Operations"中重点提出，为了最大化全球网络效率，需从整体考虑，通过优化设计和运营决策构建网络运营模式。其针对交互网络运营界定了两个基本主题：①网络运营应该设法加强其提升网络效率运营的有效性；②网络运营要意识到，务必减轻网络运营对其他运营的破坏性影响。

五、有关"体育网站"、"体育产业信息网站运营模式"的相关研究

周兰君、张天建在《国内外体育信息网络化发展现状及对策研究》中运用社会学和文献研究方法,描述并解释了国内外体育信息网络化发展现状。

葛余辉、周超群、卢怀飞在《我国体育网站研究现状与对策》中的研究结果显示,我国体育网站总体建设水平不高,信息储备不足,内容覆盖面窄,时效性差,交互功能薄弱。由此提出了我国体育网站建设的主要对策:①体育网站的定位;②不断更新完善数据库,增强网站栏目的时效性和活力;③扩大体育网站的影响力,使更多人关注体育网站。

何娜在《户外运动网站运营模式及网站发展趋势研究》中指出,"网站运营,笼统的定义是指网络营销体系中一切与网站的后期运作有关的工作。在实际操作中,网站运营主要包括:网站宣传推广、网站客户服务管理、网站合作者管理、网站后期更新维护、网站商业运作等"。

张爽在《CBA 官方网站建设探析——CBA 官方网站与 NBA 官方网站对比研究》中通过分析 CBA 官方网站和 NBA 官方网站的现状,比较研究官方网站现状的差异,包括网站设计、官方网站的传播者、官方网站传播特点和传播模式、官方网站受众、传播内容五个方面。

张江南在《体育信息网络的建设和发展前景》中以体育信息网络建设的特点和应注意的问题、保证措施等为切入点,从网络建设的准备与开发工作方面叙述体育信息网络的作用及其发展前景。

李爱群、王相飞在《我国门户网站体育信息传播特征及发展趋势》中提出,我国门户网站体育信息传播特征包括:体育信息采编和传播的频度加快,体育信息传播表现出高互动性和高参与性,网络体育信息传播的受众由被动变为主动,网络体育新闻报道的娱乐化倾向明显,跨媒体竞合发展。未来我国门户网站体育信息传播将更加注重新技术的结合和使用,将促使受众向用户转变,各综合门户差异化趋势加剧,网络视频将成为网络

体育信息的主要传播形式，且门户网站之间的竞争将更为激烈。

张艺宏在《互联网中文体育黄页现状及对策》中对十余个国内官方及民间体育与健身网站进行站点浏览分析，内容包括：链接速度、访问量、信息量、网页更新周期、E-mail地址、相关链接情况、首页魅力。

付晓静、杨格在《体育专业网站的成功之道——以虎扑网为例》中提出，虎扑网的成功策略：借助论坛释放受众观点，拥有严格的新闻信息整合与把关制度，拥有独具特色的新闻采编团队，及时根据网友建议进行调整，参与大型赛事宣传品牌。

蒋录全、杨桦、阮恩茜、刘维树、赵永超在《民间体育俱乐部网站运营模式与优化策略》中提出，民间体育俱乐部网站运营模式的影响因素包括：①基础环境，是对民间体育俱乐部网站运营环境的一个综合性评价指标；②网站质量，一般包括内容指标、技术指标和用户指标；③社会价值，是民间体育俱乐部网站满足社会群众需求的能力；④服务能力，即能够满足体育消费者需求的水平。

陈浩哲、张晨在《基于电子商务的体育产业信息化对策研究》中阐述了体育产业信息化的概念和意义，并对基于电子商务的体育产业信息化现状进行研究，提出了基于宏观层面、理论研究层面、具体操作层面的对策。

张守忠在《我国体育网站运营模式分析》中对商业门户类体育频道网站、垂直门户类体育网站、视频类体育网站、电子商务类体育网站、电子政务类体育网站的运营模式进行了分析，并提出我国体育网站运营中存在的问题包括：移动互联网技术更新速度较慢；内容同质化严重，缺乏差异性；盈利模式相对单一等。

通过关于体育产业信息网站运营模式相关文献的搜索、整理、分析和归纳，总结如下：

国内外有一些对于网站建设与运营模式的相关研究，但对于体育网络信息的相关研究较少，此类研究主要从宏观的角度进行，较少涉及网站具体的运营模式。涉及的内容为网络体育信息资源的背景、特征、价值、获取、配置、整合、失真、评价等。有的是从情报学的角度进行研究，有的是从传播学的角度进行研究。对于体育产业信息网站与运营模式的专门研究更少，目前研究主要集中在政府官方网站、赛事或活动官方网站、门户网站体育频道等网站的建设和发展，这部分研究严格来说不能算是对于体育产业信息网站运营模式的研究。同时，当前研究对于网站运营的发展都倾向于从整体出发，以客户需求为导向，以整合信息资源为主要功能。

第五节 理论基础

一、运营管理理论

马仁杰、王荣科、左雪梅等编著的《管理学原理》中定义"运营管理指对运营过程的计划、组织、实施和控制，是与产品生产和服务创造密切相关的各项管理工作的总称。运营管理是现代企业管理科学中最活跃的一个分支，也是新思想、新理论大量涌现的一个分支"。

季建华主编的《运营管理》中定义"运营管理就是对生产系统投入产出的转换过程，即生产过程进行管理"。

郑称德著的《运营管理》中定义"运营管理就是对提供产品或服务的企业系统进行设计和控制的决策过程"。

游志成在《再生资源回收利用企业运营模式优化研究——以CY再生资源有限公司为例》中提出"运营管理是企业为实现组织目标，为了向社会提供具有竞争力的产品或者服务而进行的一系列决策和行动，是由生产管理学发展而来"。

王丹在《西方运营管理领域研究现状的分析——基于运营管理3个顶级期刊（2006~2011）的文献》中研究了2006~2011年间发表在"Journal of Operations Management"、"International Journal of Operations and Production Management"和"Production and Operations Management"3个期刊的883篇

学术论文,提出这期间西方运营管理领域的重点研究主题包括:供应链管理、制造战略、服务运营、绩效测量管理、质量管理、产品开发与设计、精益生产系统、资源计划系统、跨学科研究等。

理查德·B.蔡斯、尼古拉斯·J.阿奎拉诺、F.罗伯特·雅各布斯著,任建标译的《运营管理(原书第9版)》(Operations Management for Competitive Advantage)中定义"运营管理(Operations Management,OM)对生产和提供公司主要的产品与服务的系统进行设计、运行和改进"。

F.罗伯特·雅各布斯、理查德·B.蔡斯著,任建标译的《运营管理(原书第13版)》(Operations and Supply Chain Management)中定义"运营与供应链管理(Operations and Supply Chain Management,OSCM)是对企业生产交付产品或者服务的系统进行的设计、运作以及改进"。

拉瑞·P.里兹曼、李·J.克拉耶夫斯基著,王夏阳译的《运营管理基础》(Foundations of Operations Management)中定义"运营管理(Operations Management)一词指的是对流程的指导和控制,而流程则是能够将投入转化成产品和服务。广义讲,运营管理是企业所有管理职能的基础,因为在所有的业务活动中都可以找到流程。狭义讲,运营管理特指某一部门(更有可能是一些部门)"。

本书主要依据运营管理理论中的以下内容进行研究:

(1)竞争重点。①成本:低成本运营。②质量:高性能的设计;始终如一的质量。③时间:快速交货时间;按时交货;提高速度。④柔性:客户定制;数量柔性。

(2)服务战略。标准化服务战略,企业的流程所提供的服务量很大、变化很少的时候,往往采用标准化服务战略;订货装配型服务战略,企业既能提供一套标准化的服务,也能装配出标准化的服务以满足某一特定客户的需求;客户定制服务战略,用于提供个性化服务的流程通常采用客户定制服务战略。

(3)流程决策。考虑五个一般的流程决策问题:流程选择(项目、单件、批量、流水线、连续);纵向一体化(企业自己的生产系统或者服务机构掌控整个供应链的程度）；资源柔性（企业的员工和机器设备能够处理各式各样的产品，提供各种不同的产出水平，完成许多职责和功能）；客户参与（客户如何成为企业流程的一部分以及客户参与的程度如何）；资本密集度（流程中设备和人力的混合情况，花在设备上的相对成本越高，资本密集度就越大）。

（4）技术管理。①产品技术：企业的工程设计和研发人员在创造新产品用新服务时开发技术。②流程技术：企业的员工用于开展工作。③信息技术：企业员工运用这种技术来获取信息、处理信息、交流信息。

（5）供应链管理。寻求企业和供应商运作流程的同步，使其物流、服务流、信息流与顾客的需求相匹配。

（6）服务精益系统。精益系统的主要代表是适时制（JIT）系统，该系统含有精益系统的一般要素，JIT系统的重点是流程改善，对于服务商要求包括：始终如一的高质量；均衡的设施负荷；标准化工作方法；紧密的供应商联系；柔性劳动力；自动化；预防性维修；流水线等。

二、网络营销理论

（一）网络经济理论

网络经济包括三个基本层次：首先，其技术基础或物质基础是计算机与全球互联网络；其次，网络作用于经济，对经济施加重大影响的途径是提供便利和廉价的信息交换及处理的手段，降低经济信息的成本；最后，它对社会经济生活有重大的影响，无论是对微观经济运行还是对宏观经济运行。网络经济的产生是由于计算机与全球互联网络在社会经济生活中的普遍应用，为经济信息的传递和处理提供快捷及便利的统一平台，使越来越多的经济活动都建立在国际互联网之上。它是由提供互联网的基础设施与技术服务的产业群和建立在国际互联网之上的种种经济活动构成的产业集合体。网络经济发展到今天，由于其对世界经济发展的巨大推动作用，自然引起专家学者们的广泛关注，目前有关网络经济的理论比较多，其中主要有正反馈效应理论、网络效应理论和网络经济供需均衡理论。

第一章 概述

在网络经济学中,正反馈是一个非常重要的概念。正反馈现象是事物呈现出自发性的扩张或缩小的趋势,即所谓的"强者越强,弱者越弱"。自然界几十亿年形成的均衡使这种现象非常少见,通常任何事物的发展和扩张总会受到其他因素的制约,结果是"强者变弱,弱者变强",这就是负反馈现象。在传统经济下也是如此,当一种商品的价格因需求增加而上涨时,生产者会增加供给,而消费者会减少需求,从而对价格上涨形成某种抑制,反之亦然。于是均衡点的确立是任何脱离均衡点的行为均会被相反方向的作用力拉回到均衡点。这就是负反馈,其结果通常是形成了均衡。传统经济下负反馈的作用还体现在企业规模的扩大上,某一企业试图占领更多的市场份额需要忍受成本的上升和其他竞争者的激烈反应。大公司在达到一定规模时,会发现由于管理的复杂性,成长变得越来越困难,而小公司在这种情况下会发现有利可图的市场份额。于是,强者变弱,弱者变强,直到达到均衡点。所以在传统经济条件下,除了自然条件和政府的因素可能导致垄断的出现,一般的市场都是由于竞争或是寡头垄断形成的。总之,在传统经济中,由于负反馈的作用,市场能够在非垄断的状态下达到均衡。

网络经济却是一个例外,在网络经济中充满了正反馈的现象。如上面的消费者规模经济中所述,网络产品都具有消费规模的自我扩张性。一旦市场上某种信息产品获得了消费者的广泛认同,这种产品的用户数就会迅速扩大,当某种信息产品的享有用户基数较大时,同时与该产品相配套的辅助产品的种类会更多,进而该产品的用户也会更多,消费者所能获得的产品效用会更大。正是基于这样的预期,其他的消费者都会自发地做出消费决策,成为该产品的用户。这样,该产品用户规模的发展就进入了一种由网络外部性所引起的正反馈循环,呈现出自发性扩张的趋势。网络企业也是这样,企业的规模越大,市场份额和产量越多,成本越低,就越能低成本扩大生产,低价占领市场,企业规模越大,反之亦然。所以,网络经济达不到均衡,总有一种力量推动你向极端前进,要么灭亡,要么垄断市场,这便是网络经济的正反馈原理。

（二）网络效应理论

技术用户的价值随着使用者用户的增加而提高，用户通过共同使用相容或者可兼容产品以获得信息共享、互补性产品供给增加、规模效益带来的价格降低等多方面的利益。

从某种意义上说，网络效应是网络经济最突出的特点，也是网络经济下出现的一种新形态。所谓网络效应是指技术对用户的价值随着使用者数量的增加而提高，用户通过共同使用相同或可兼容产品已获得信息共享，互补性产品供给增加、规模效益带来的价格降低等多方面的利益。网络效应可以分为直接网络效应和间接网络效应两种。直接网络效应是消费者需求之间的相互依赖性，消费者对很多信息产品的需求存在相互依赖的特征，他们消费这些产品所获得的效用随着购买相同产品或兼容产品的其他消费者数量的增加而增加。也就是说，一种产品新的消费者可以给其他消费者带来正的外部收益，这实际上是需求方面的规模经济。

间接效应主要产生于基础产品与辅助产品之间技术上的互补性，这种互补性使基础产品和辅助产品都无法单独存在，这就像 DVD 播放机和 DVD 碟片，如果只有前者而没有后者，用户购买 DVD 播放机没有任何价值。虽然这些产品只有在一起运行时才能为消费者带来效用，但在市场上这些产品大多是不同的厂商生产的，因此厂商之间有必要进行协调，以保证这些产品能相互融合，组成系统产品，满足消费者的需求。也就是说，厂商之间要确立确定一种共同的标准窗口，使不同厂商生产的不同辅助产品能在一起运行，这是一种系统产品下的标准选择问题。而实际上，市场上往往有几种不同的系统产品，由于所采用的技术标准不同，不同系统之间的产品往往互不兼容，不同系统产品的生产商为了占领市场，都想使自己的标准成为市场认同的标准，赢得标准就意味着赢得市场。因此，标准之争往往成为市场竞争的制高点和前奏。

（三）网络整合营销理论

网络整合营销是指由于网络信息沟通的双向互动性，使顾客真正参与到企业的整个营销过程成为可能，顾客参与的主动性、选择性变强，那么顾客在整个营销过程中的地位比传统营销更高。它是把营销战略与互联网技术结合起来的一种结构性方法，有助于综合运用一系列互联网技术销售产品和服务，影响利益相关者（特别是顾客）的态度，实现营销目标。

整合营销理论是以消费者的需求为出发点，且以满足消费者的需求为归宿，使消费者真正参与到整个营销过程中，在企业与消费者之间形成非常紧密的、不断交互的营销关系的一种营销理论。

网络整合营销是把营销战略与互联网技术结合起来的一种结构性方法。在网络环境下，基于现代信息和通信技术的应用体系，企业可以无缝地集成客户关系管理、企业资源规划管理、供应链管理和企业商业智能，高效率地组织、实施、评价和控制企业的各种营销活动，实现整合营销。

网络营销对营销策略的研究更加注重互动性和整合性，既要体现消费者参与营销的思想，又要把各类互联网技术与新的营销变量结合起来，达到与广泛利益相关者进行沟通的目的。网络互动的特性使顾客真正参与到整个营销过程中，顾客参与和选择的主动性都得到增强，在满足个性化消费需求的驱动下，企业必须严格执行以消费者需求为出发点、以满足消费者需求为归宿点的现代市场营销思想，否则顾客就会选择其他企业的产品。这样，网络营销首先要求把顾客整合到整个营销过程中，从他们的需求出发开始整个营销过程。

网络整合营销理论的模式有利于企业与消费者之间建立可持续的营销关系：营销决策4P是在满足4C要求前提下的企业利润最大化，最终实现的是消费者需求的满足和企业利润最大化。而由于消费者个性化需求得到良好满足，该企业的产品、服务形成良好的印象，消费者在第二次需求该种产品时，会对该公司的产品、服务产生偏好，他会首先选择该公司的产品和服务。随着第二轮的交互，产品和服务可能更好地满足他的需求，如此循环往复，企业和顾客之间的关系变得非常紧密，形成一对一的营销关系。

（四）网络"软营销"理论

所谓"软营销"是指在网络环境下，企业向顾客传送信息及采用的促销手段更具理性化，更易于被顾客接收，进而实现信息共享与营销整合。"软营销"理论是从消费者心理变化方面导出的网络营销理论，导出这个理论基础的原因仍是网络本身的特点和消费者个性化需求的回归。

网络软营销是指在网络环境下，企业在进行市场营销活动时，必须尊重消费者的感受和体验，让消费者乐意主动接受企业的营销活动。软营销理论是从消费者心理变化方面导出的一种营销理论，导出这个理论的根本原因是网络本身的特点和消费者个性化需求的回归。个性化消费需求的回归使消费者在心理上要求自己成为主动方，而网络的互动性使这种要求有了可能。在互联网上，由于信息交流是平等、自由、开放和交互的，它强调的是相互尊重和沟通，用户都比较注重个人的体验和隐私。软营销的特征体现在遵守网络礼仪的同时，通过对网络礼仪的巧妙运用从而获得一种微妙的营销效果。

与软营销相对应的是工业化大规模生产时代的强势营销。传统营销中最能体现强势营销特征的两种促销手段：传统广告和人员推销。传统广告是通过以一种信息灌输的方式在客户心中留下深刻印象，但它却很少考虑消费者是否需要这类信息，是否喜欢它的产品和服务；人员推销一般不事先征求推销对象的允许，而是企业推销人员主动地敲开客户的门，这些促销手段会使消费者越来越感到厌倦和不信任。在网络上，这种以企业为主动方的强势营销是行不通的。网络营销必须遵循一定的规则，即"网络礼仪"，网络礼仪是网上一切行为都必须遵守的规则，网络营销也不例外。

（五）网络直复营销理论

网络直复营销是指通过网络分销渠道直接销售产品，并实现企业和顾客之间的交互。在传统营销中，企业的产品往往经过多层中间商传递，市场反应和顾客的反馈信息周期较长，而网络营销是典型的直复营销。

仅从销售的角度看，网络营销是一种直复营销。我们都知道，直复营销中的"直"（其实是"直接"，Direct 的缩写）是指不通过中间分销渠道而直接通过媒体连接企业和消费者，网络上销售产品时顾客可通过网络直接向企业下订单付款；直复营销中的"复"（其实是"回复"，Respond 的缩写）是指企业与顾客之间的交互，顾客对这种营销努力有明确的回复（买还是不买），企业可统计到这种明确回复的数据，由此可对以往的营销努力做出评价。网络上的销售，最大的特点是企业和顾客的交互，不仅可以订单为测试基础，还可获得顾客的其他数据甚至建议。所以，我们认为，仅从网上销售看，网络营销是一类典型的直复营销。（当然网络营销的作用不仅局限于网上销售，还有其他很多作用）。网络营销的这个理论基础的关键作用是说明网络营销是可测试、可度量、可评价的。有了及时的营销效果评价，就可以及时改进以往的营销努力，从而获得更满意的结果。所以，在网络营销中，营销测试是应该着重强调的一个核心内容。

第六节　概念界定

一、体育产业

很多相关研究者对于体育产业的概念进行了研讨，但仍没有达成共识且一直在争论当中。曹可强在《体育产业概论》中认为："体育产业是指社会各部门开展的与体育相关的一切生产和经营活动的总和。"[1] 钟天朗在《体育经济学概论》中认为："体育产业是提供体育劳务（或服务）这种非实物形式的特殊消费品的产业部门。"[2] 姚建在《对我国体育产业问题的哲学思考》中认为，"广义的体育产业是指与体育相关的一切物质产品和精神产品的总和，以及提供服务的生产经营活动，而狭义的体育产业主要是指第三产业中的体育服务产品的生产和经营活动"。[3]

---

[1] 曹可强.体育产业概论［M］.上海：复旦大学出版社，2004.
[2] 钟天朗.体育经济学概论［M］.上海：复旦大学出版社，2004.
[3] 姚建.对我国体育产业问题的哲学思考［J］.武汉交通科技大学学报，2000，13（4）：72-74.

2015年，国家统计局、国家体育总局新推出的《国家体育产业统计分类》中，将体育产业范围确定为体育管理活动，体育竞赛表演活动，体育健身休闲活动，体育场馆服务，体育中介服务，体育培训与教育，体育传媒与信息服务，其他与体育相关服务，体育用品及相关产品制造，体育用品及相关产品销售、贸易代理与出租，体育场地设施建设十一大类。①

本书采用目前我国体育科学学会对体育产业的界定："体育及相关产业是为社会公众提供体育产品和服务的产业活动以及与这些活动有关联的产业活动的集合。"

二、信息

《辞海》中定义信息是"用符号、信号或消息所包含的内容，来消除对客观事物认识的不确定性"。

百度百科定义信息的概念是："信息，指音讯、消息、通信系统传输和处理的对象，泛指人类社会传播的一切内容。"②

本书认同信息的经济属性，注重信息的传播所附加和带来的社会价值与经济价值，以实用性为导向，有文字、视频、音频、图片等形式。

三、盈利模式

关于盈利模式的概念引发了众多研究者的讨论，但仍未达成一致。琼·玛格丽塔和南·斯通在《什么是管理》中认为，盈利模式是探求企业利润来源、生成过程和产出方式的系统方法，即企业在市场竞争中逐步形成的企业特有的赖以盈利的商务结构及其对应的业务结构，是企业从客户那里获得现金流的策略和技术。③王方华在《现代企业管理》中认为，盈利模式是实现利益分配的组织机制、收益架构，是企业通过投入自有生产要

---

① 国家体育总局官方网站，http://www.sport.gov.cn/n16/n1077/n1422/7013666_1.html.
② 百度百科，http://baike.baidu.com/link?url=BeCe187CD3OoE6CAv1kXpD0aMtGAMRtH5w5W2xW3u-uG7SdZ4ZZjaZu62iiTUhMGp0wOjQuek9ayVhvb0F8rTq#1_1.
③ 琼·玛格丽塔，南·斯通.什么是管理［M］.北京：电子工业出版社，2003.

素,并整合外部资源包括周围所有经济关系、利益相关者的力量、资源而形成的一种实现价值创造、获取收益,并最终实现利益分配的组织机制和收益框架。[①]

本书认为,盈利模式简言之就是说明企业如何创造价值,要着重考虑产品和服务设计、客户定位、实施策略、利润屏障等因素。合理的盈利模式是企业运营模式的重要组成部分,更是现代企业取得竞争优势的关键。

四、运营模式

国内外对于运营模式少有明确的定义,更多是从宏观层面对运营模式进行阐述,认为运营模式是企业战略和经营层面的活动;有研究者认为运营模式是商业模式的核心层面,也有研究者将运营模式与商业模式、盈利模式等概念进行混用,都归结为企业利润实现方式的集合。

本书认为,商业模式是企业完整且高效的运行系统,以最优方式满足客户需求、实现客户价值,并使该系统持续盈利的整体解决方案,商业模式更加侧重如何持续地赚钱。运营模式简单来说就是经营方法,是对企业运营管理过程的总体描述,是为实现企业运营目的而对人、财、物等核心资源运用方式的有机结合,同时盈利模式是运营模式的重要内容,运营模式更加侧重赚钱过程中的管理。

---

① 王方华. 现代企业管理 [M]. 上海:复旦大学出版社,2005.

第二章 互联网的产生和发展

第一节 国外互联网的产生和发展

从某种意义上，Internet 可以说是美苏"冷战"的产物。1957 年 10 月 4 日，苏联发射了第一颗人造地球卫星 Sputnik，并应用于通信领域，使人类传播信息的能力有了前所未有的提高。为应对前苏联的军事优势，时任美国总统艾森豪威尔于 1958 年拨款成立了高级研究计划署（Advanced Research Projects Agency，Arpa），集中控制所有高级军事项目，防止各级军队内部的恶性竞争。20 世纪 60 年代初，美国人已认识到，在科学和军事领域的研究开发过程中，计算机之间共享信息具有巨大的潜在价值，并着手研究组建通信网络。当时，美国国防部认为，他们现有的中央控制模式的通信网络有致命的缺陷：如果这个中枢被摧毁，全国的军事指挥系统将处于瘫痪状态。因此，美国国防部要设计出一种由一个个分散的指挥点组成的分散指挥系统，当部分指挥点被摧毁后，其他点仍能正常工作，并且这些点之间，能够绕过那些已被摧毁的指挥点而继续保持联系。1969 年，美国国防部国防高级研究计划署资助建立了阿帕网（ARPANET），这个网络把加利福尼亚大学洛杉矶分校、加利福尼亚大学圣芭芭拉分校、斯坦福大学研究所，以及位于盐湖城的犹他州州立大学的计算机主机连接起来，供科学家们进行计算机联网实验用。该网络所采用的分组交换技术能

我国体育产业信息网站运营模式研究

够保证,如果这四所大学之间的某一条通信线路因某种原因被切断(如核打击)以后,信息仍能够通过其他线路在各主机之间传递,这个只连接了4台主机的阿帕网就是 Internet 最早的雏形。之后,许多研究机构和大学相继加入。1969年10月,负责建设阿帕网的 BBN 公司(博尔特 Bolt、贝拉尼克 Beranek 和纽曼 Newman 三人名字首字母缩写)研究发布了 Telnet 协议和 FTP 协议,这两个协议解决了用户远程登录和网络中文件交换的问题。1971年,雷·汤姆森(Ray Tomlinson)编写了邮件(E-mail)程序,并用在 ARPANET 中,以"@"作为邮件中用户名和地址的连接符,加以扩展后,作为一个整体被纳入 ARPANET 的 FTP 标准中。截至1972年,ARPANET 网上的节点数已经达到40个,这40个节点彼此之间可以发送消息和文件。由此可见,E-mail、FTP 和 Telnet 是互联网上较早应用于人际交往的重要技术,特别是 E-mail 目前仍然是互联网上最广泛和最重要的应用之一。

互联网的成熟是 TCP/IP 协议的开发和使用的结果。20世纪70年代,ARPANET 已经有了几十个计算机网络,可是每个网络只能在网络内部的计算机之间互联通信,不同计算机网络之间仍然不能互通。1972年,在美国华盛顿举行了第一届国际计算机通信会议,全世界的专家学者就在不同的计算机网络之间进行通信达成协议。会议决定成立国际网络工作组(International Network Working Group,INWG),负责建立一种能保证计算机之间进行通信的标准规范。1973年,美国国防部也开始了一个新的 Internet 项目,并开始在 ARPA NET 进行网络的研究形成互联网,研究人员称之为 Internetwork,简称 Internet,这个名词一直沿用至今。以上两个项目导致 Internet 中最为关键的两个协议的产生,这两个通信协议就是 IP(国际协议)和 TCP(传输控制协议),合起来就是 TCP/IP(Transmission Control Protocol/Internet Protocol)协议,这两个协议的诞生实现了多台电脑之间的信息交流,催生了现代互联网,各种不同网络得以互相连接,并最终连接为一个完整的网际网。随后,美国国防部宣布将 TCP/IP 协议作为其标准网络协议,这是首次明确因特网是一个互联的网络集合。为了使很多使用其他通信协议的各种网络互联，美国的温顿·瑟夫（Vinton Cerf）和罗伯特·凯恩（Robert Kahn）提出，在每个网络内部进行通信时，仍然各自使用自己的协议，该网络在与其他网络通信时使用 TCP/IP 协议。1983年，ARPANET 上的所有系统也从 NCP（Network Control Protocol）协议切换为 TCP/IP 协议，由此确立了 TCP/IP 协议在网络互联方面不可动摇的地位。

20 世纪 70 年代末 80 年代初，各种网络应运而生，它们也开始在 ARPANET 架构之外提供电子邮件、文本传输及协作服务。1982 年，美国北卡罗来纳州立大学的斯蒂文·贝拉文（Steve Bellovin）创立了后来被称为网络新闻组（Usenet）的网络，这个网络的主要功能是允许该网络中任何一个用户可以把一条信息（也叫消息或文章）发送给网上的一个用户、几个用户或所有用户，大家可以利用这个网络就自己所关心的问题和其他人进行讨论。1983 年，纽约城市大学也出现了一个以讨论问题为目的的网络，这个网络名叫 BITNet。在这个网络中，不同的话题被分为不同的组，如果用户想要阅读某个组中的文章，只要通过自己的电脑订阅就可以了，这个网络后来被称为 Mailing Lisi（电子邮件群）。1983 年，美国旧金山诞生了另一个网络 HdoNe（费多网，或叫 Fido BBS），即公告牌系统。用户只要有一台电脑、一个调制解调器和一根电话线就可以互相发送电子邮件并讨论问题，这就是后来的 Internet BBS。以上这些网络应用，在 Internet 形成规模后，陆续成为 Internet 的重要组成部分。由此可以看出，Internet 只不过是全世界各种网络汇聚在一起的一个集合体。如今，一提起互联网，人们总是习惯说互联网起源于美国的 ARPA NET，其实这种说法并不确切，互联网的形成是全世界多个国家共同努力的结果，正是 TCP/IP 协议的确定，才真正使全世界网络互联互通的愿望得以实现。

Internet 的第一次快速发展，是在美国国家科学基金会（National Science Foundation，NSF）的推动下进行的。20 世纪 80 年代初期，为改进教育和科研领域的基础设施建设，抵御欧洲、日本先进教育和科技进步的挑战与竞争，美国的科学家们呼吁实现全美的计算机和网络资源共享。80 年代中期，NSF 希望通过计算机网络把各大学、研究所的计算机与这四台巨型计算机连接起来，以使大学与研究机构共享他们昂贵的四台计算机主机。最初，NSF 曾试图使用 ARPANET 作为通信干线，但由于 ARPANET 受制于政府机构，且具有军用性质，这个设想没有实施。1986 年，NSF 投资建立了自己的基于 TCP/IP 协议的计算机网络 NSFnet，在全国建立了 16 个地区网络，连接本地区的大学和研究单位，并将这些地区网络中心和超级计算中心组成骨干网。在 NSF 的鼓励和支持下，很多大学、政府甚至私营的研究机构纷纷把自己的局域网并入 NSFnet 中。1986~1991 年，并入 Internet 的计算机子网从 100 个增加到 3000 多个，NSFnet 的正式营运从实现与其他已有和新建网络的连接开始，真正成为 Internet 的基础。

NSFnet 对互联网的最大贡献是使互联网向全社会开放。1990 年 2 月，阿帕网因技术过时被迫退出历史舞台。Internet 从军用转向民用，美国政府授权 NSFnet 对互联网进行管理，NSFnet 彻底取代 ARPANET 成为互联网的主干网。互联网的发展，不仅表现为数量的增加，更重要的是功能的扩展、用户构成和使用方式等质的变化。计算机相互间能够通信的优势吸引了许多学术团体、企业研究机构和个人用户的加入，他们逐渐把 Internet 当作一种交流和通信的工具，与计算机专业人员一起推动着互联网的发展。20 世纪 90 年代初期，互联网事实上已成为一个网际网，各个子网既独立运作又通过 NSFnet 互联。随着计算机网络在全球的拓展和扩散，美国以外的网络也逐渐接入 NSFnet 主干或其子网。由于 NSFnet 是由政府出钱，直到 20 世纪 90 年代初，美国政府依然掌握着对 Internet 的控制权。

为了使互联网上越来越多的资源便于检索，1991 年，美国明尼苏达大学（University of Minnesota）建立了一个本地网，发明了第一个面向互联网的、界面友好的系统 Gopher，以连接校园内的文件和信息。其实早在 1989 年，英国的蒂姆·伯纳斯·李（Tim Berners-Lee）和欧洲粒子物理实验室的同事们就提出了一种新的协议，从根本上改变了互联网。这个协议于 1991 年称为万维网 WWW（World Wide Web），通过 HTML 超文本链接技术，可以方便地跳转到与之连接的网页，可以使用户产生自己的图像页面（网址），成为一个巨大的虚拟超文本网络的组成部分。尽管它比 Gopher

出现得早，但它的发展还是较慢。这个协议在1993年得到了重大推进，因为这一年马克·安德烈森和他在美国国家超级计算应用中心（NCSA）的同事发明了图形界面浏览器NSCA Mosaic，使WWW应用得到了飞速发展。Mosaic的开发具有突破性意义，大众用户能拥有的机器都与之兼容。特别是对于非专业用户来说，以互联网为基础的万维网实现了个人电脑与网络的聚合，吸引了数量庞大的新用户群。于是，许多人用因特网表示网络的物理结构及其硬件设施，而万维网指通过这个网络可以访问的所有网站和信息资源。

Internet历史上的第二次飞跃归功于Internet的商业化。在20世纪90年代以前，美国国家科学基金会制定了一系列使用准则，限制人们把他们用纳税人的钱建造起来的网络用于商业，为商业企业使用Internet设立了法律上的障碍。因此，Internet一直仅限于在学术研究领域内使用。后来，在强大商用需求的推动下，NSF解除了互联网不能应用于商业领域的限制。当时，能够在一定程度上向客户提供Internet联网服务的三家公司CERFnet、PSInet及Alternet网络，宣布可以把它们的Internet子网用于任何的商业用途。它们组成了"商用Internet协会（CIEA）"。Internet商业化服务提供商的出现，立即激发了它在通信、资料检索、客户服务等方面的巨大市场潜力，使互联网的发展有一个质的飞跃。1994年，以美国为首的发达国家纷纷提出"信息高速公路计划"，我国随之宣布跟进。1995年4月，NSFnet完成互联网的私有化工作，宣布停止运作，互联网摆脱了美国政府的直接控制，互联网由此彻底走上了自我发展的道路。此时Internet的骨干网已经覆盖了全球91个国家，主机已超过400万台。随后，互联网以惊人的速度在世界范围内拓展。

由此可见，互联网在美国的发展经历了从军用到教育科研部门使用，再到大规模商业化民用的过程。互联网之所以能成为全球性的计算机网络，与世界各国的重视和大力开发分不开。正如加拿大媒介环境学家德里克·德克霍夫（Derrick de Kerckhove）在《文化肌肤》中所言："即便是反应最迟缓的政府官僚也正在意识到，所谓的'电子高速公路'对于其生存的价值,就像维护真实的高速公路和街道一样重要,甚至更重要。"最早开发互联网的美国也意识到了互联网的巨大威力和潜在价值并纳入政策规划。尽管互联网起源于美国,但是它并不是简单地从美国蔓延到世界上的其他地方。它抵达全球是由于多条网络开发的支流汇聚到一起的结果。其他的许多国家在20世纪70年代开始建立大型数据网,这是由它们当地的文化所塑造的,并通常被作为经济发展和国家政权的原动力及象征。问题不是这些国家是否采用"美国的"技术,而是他们是否以及如何将它们现有的国家或私人网络连接到互联网上。

第二节 我国互联网的产生和发展

一、我国互联网的产生和发展概述

我国互联网的发展几乎与世界同步。我国互联网的产生不像美国那样有着强烈的军事动机,而是与世界上大多数国家相似,最初都是由科研学术网络发展逐步走向商业化民用的。1986年,中国科学院和一些高等院校开始研究Internet联网技术,并主要应用于科技合作领域,初期的网络应用仅为少数高等院校、研究机构提供电子邮件服务。1987年9月20日,我国发出了第一封电子邮件"越过长城,通向世界",揭开了国人使用互联网的序幕。1990年10月,钱天白教授代表我国正式在国际互联网络信息中心(INTERNIC)的前身DDN-NIC注册登记了我国的顶级域名CN,并正式启用我国顶级域名CN的国际电子邮件服务。由于当时我国尚未正式连入Internet,所以委托德国卡尔斯鲁厄大学(Universit t Karlsruhe)运行CN域名服务器。1994年4月,我国科学技术网通过美国Sprint公司联入Internet的64K国际专线开通,实现了与Internet的全功能链接,标志着我国正式联入国际互联网。此后,中国公用计算机互联网、中国教育和科

第二章 互联网的产生和发展

研计算机网及我国金桥信息网先后建成。中国公用计算机互联网和中国金桥信息网的建成，标志着我国互联网开始向公众开放，我国互联网开始进入商业应用的新时期。

1995年，美国网景公司的成功上市成为互联网商业化的标志。同年，我国邮电部宣布向国内社会开放，开通两个Internet节点，提供所有Internet服务，开启了我国互联网的商业化进程。1996年，张树新创立了第一家互联网服务供应商——瀛海威，在北京中关村南大门的白石桥路口竖起了一块巨大的广告牌，上面写着"我国人离信息高速公路有多远——向北1500米"。我国的普通百姓开始进入互联网络，但我国广大用户与互联网的距离绝非那块广告牌上的1500米，互联网作为一项高新技术，其概念充满了神秘的诱惑力，我国用户对互联网的认识和了解才刚刚开始。此后，在政府的强力支持下，我国30个省市共31个节点的CHINANET全国骨干网建设全面启动，迅速推动了网络的商业应用和深层次技术的发展。在国外互联网20多年的实验室和科研探索的基础上，我国大大缩短了研发时间，在互联网技术应用方面与世界保持了同步，打破了我国近几年在技术上远远落后于西方的现实。自1994年以来，我国互联网迅速发展，截至2015年12月，我国网民规模达6.88亿人，互联网普及率达50.3%。在中外媒介发展史上，任何一种媒介都没有像互联网这样，以如此快的速度普及并深入社会生活的各个方面。有人曾对每一种传媒从投入使用到发展到5千万用户所用的时间做过比较，结果发现广播用了38年，电视用了13年，而互联网只用了4年。我国互联网信息中心自1997年10月起，开始对我国互联网发展状况进行调查，调查数据显示，当时我国网民规模只有62万人，此年度只发布了一次统计报告。我国互联网信息中心从1998年1月起，每半年发布一次统计报告，在每年的1月、7月发布。在2002年1月发布的数据中，首次对互联网在我国的普及率进行了调查。

关于我国互联网发展的历史分期，不同的研究主体从各自不同的研究角度，得出完全不同的结论。方兴东（2007）从产业发展的角度对我国互联网的发展阶段进行划分，他在《如何勾勒中国互联网发展轮廓？》中，简

· 35 ·

明扼要地把我国互联网的发展从1986~2009年分为七个时期：前商业化期、商业化开拓期、第一次热潮、互联网寒冬、第二次热潮、第二次调整和第三次热潮。文章最后乐观地指出，新的一次浪潮已经不远，以电子商务、移动互联网、Web2.0为内核的第三次热潮已经在酝酿之中。彭兰（2005）在其博士论文《我国网络媒体的第一个十年》中，从互联网作为新闻与信息传播的媒体发展历程的角度，将1994~2004年的我国互联网发展划分为五个阶段：1994~1995年，萌芽阶段；1996~1998年，探索阶段；1999~2000年，大跃进阶段；2001~2002年，继续壮大阶段；2003年之后，跨越阶段。这一划分是依据可以发布新闻的网站的发展，包括传统媒体背景的网站和有新闻登载资格的商业网站的发展情况。我国互联网信息中心（CNNIC）2004年以互联网硬件建设与互联网技术的应用为线索，制作我国互联网历史长廊主题展，按时间线索，用图片、文字形式将我国互联网发展分为五大阶段：1987~1994年，网络探索阶段；1993~1996年，网络蓄势待发阶段；1996~1998年，网络空前活跃阶段；1999~2002年底，网络普及与应用快速增长阶段；2003年至今，多元化与走向繁荣阶段。武汉大学钟谈教授在《我国互联网发展状态以及竞争格局》（2008）中以互联网行业本身的起落为线索，将我国互联网发展划分为4个主要阶段：1995年1月以前，互联网萌芽到初步成型阶段；1995年初到2000年中旬，互联网发展的第一次高峰；2000年中旬到2003年底，互联网发展的低谷；2003年底至今，互联网发展的第二次高峰。学术界还有一种流传甚广的互联网发展阶段的划分，Web1.0、Web2.0及Web3.0的划分方式，在学术界被广泛使用，但仍没有一个明确的界定。

美国著名媒介环境学家莱文森在《新新媒介》（2011）中提出了当代媒介的"三分说"，他把书籍、报刊、广播、电视、电话、电影等互联网诞生之前的一切媒介形态都称为旧媒介（Old Media）。旧媒介的突出特征是：时间和空间定位不变、媒介实行自上而下的控制、媒介内容由专业人士生产和把关。新媒介（New Media）是指互联网上的第一代媒介，于20世纪90年代中期兴起，它把电子邮件、亚马逊网上书店、iTunes播放器、报刊的网络版、留言板、聊天室等称为新媒介。新媒介的特征是：人们可以按照自己方便的时间，而不是按照媒介确定的时间去使用、欣赏或交流。新媒介是指互联网上的第二代媒介，产生于20世纪末，兴盛于21世纪的博客网、维基网、第二人生、聚友网、脸谱网、播客网、优视网等媒介形态。新新媒介的突出特征是：新新媒介给每个用户赋予内容生产的权力，而不必等待专业人员生产的内容；内容生产者与消费者身份的融合、生产与消费过程的融合，人人既是内容生产者也是消费者；新新媒介没有自上而下的控制，个人可以按照自己的兴趣和需要自主使用媒介。在充分借鉴莱文森关于新新媒介研究的基础上，本书对我国互联网的发展阶段做了如下划分：

（一）互联网的研究探索时期（1995年之前）

早期的互联网由美国政府出资建设，美国的科学家致力于使不同地点的计算机能够互联做了艰苦的努力和探索，当时有限的成果也仅限于面向科学研究领域。网络开放给科研人员免费使用，网络规模和用户数量都比较小，数据传输速率低，主要是文件传输和电子邮件的使用。我国科学家在20世纪80年代末和90年代初也一直进行互联网的研究，他们冲破重重阻力，取得与国际互联网的连接。互联网在我国的应用，只是少数科学家相互交流数据和科研成果的工具，他们默默为互联网的大众化普及做着贡献，对我国大多数百姓来说，尚不知道互联网为何物，这一时期是科学家苦苦探索的时期。

（二）互联网的门户网站时期（1994~2002年）

1994年，美国允许商业资本介入互联网建设与运营，互联网从实验室进入了面向社会的商业化应用时期，开始向各行各业渗透。我国互联网几乎与世界同步开启了商业化应用的步伐，门户网站逐渐兴起，传统媒体纷纷上网。1995年1月，国家教委主管主办的《神州学人》杂志上网，成为我国第一份中文电子杂志。截至1996年底，在互联网上发行电子版的报纸30余种，电子版杂志20余家。1997年1月1日，《人民日报》网络版诞生，国务院新闻办建立的"中国互联网新闻中心"开通。在此前后，新华网（1997年11月7日）、中央电视台（1996年底）、中国国际广播电台（1997年）、《光明日报》网络版（1997年底）以及一些地方媒体都开始上网，形成我国媒体第一波上网潮。1998~2000年，众多商业网站如搜狐、新浪网等纷纷成立。这时我国互联网的信息非常有限，有限的信息也只有门户网站和传统媒体的网络版在"独白"，普通用户只是听众或看客，他们可以主动选择内容，但不能生产内容，只能等待专业人士提供的内容。出于商用初期的互联网未能找到合理有效的盈利模式，市场又存在过度投机行为，最终导致世纪之交全球性"网络泡沫"的出现与破灭，广大用户在这场"网络泡沫"中逐渐成熟。

（三）精英用户生产内容时期（2002~2009年）

互联网技术的迅速发展，促进了互联网与电信网、广电网等网络的融合，为用户生产内容奠定了技术基础。传统媒体网站上的内容及有限的商业网站的内容远远不能满足用户对信息的需求，自主表达的愿望日益强烈。2002年博客在我国的开通，标志着用户自己生产内容的开始。随后兴起的博客及各种具有自组织和个性化特征的内容生产方式满足了用户交往的需求，很多用户可以轻松成为互联网内容的提供者，用户不再是看客或听众。但是，这时的内容生产在很大程度上受用户文化程度、互联网技术水平的制约，用户需要耗费大量的时间去维护。因此，这时的网络交互受很多条件的限制，主要是具有较强文字表达能力或较高技术水平的精英用户生产内容，大多数用户还只限于接收信息。

（四）大众用户内容生产的普及时期（2009年微博的出现至今）

2009年，新浪微博的问世开启了普通大众自由生产内容的新阶段。2010年，微博的使用人数迅速增加，在社会迅速普及，被称为"微博元年"。微博的出现，使任何人，在任何时间、任何地点，以任意方式进行话语表达成为现实，迅速成为公众最有效和最受欢迎的交互方式，用户生产内容的需求与自由得到最大限度的满足。多元的价值观和话语都可以进入互联网的话语频道。但是，随着用户数量的增加，各类冗余信息、虚假信息和谣言等也成为互联网发展的一大难题。

二、我国互联网发展相关政策

(一)《国务院办公厅关于加快电子商务发展的若干意见》

2005年1月8日,国务院办公厅发布了《国务院办公厅关于加快电子商务发展的若干意见》(以下简称《意见》),这是我国第一个专门指导电子商务发展的政策性文件,在我国电子商务发展的历史上具有重要的意义,明确了我国发展电子商务的指导思想和原则,确立了我国促进电子商务发展的六大举措。《意见》确立了加快电子商务发展的基本原则:政府推动与企业主导相结合;营造环境与推广应用相结合;网络经济与实体经济相结合;重点推进与协调发展相结合;加快发展与加强管理相结合。《意见》还确立了以下措施:完善政策法规环境,规范电子商务发展(加强统筹规划和协调配合,推动电子商务法律法规建设,研究制定鼓励电子商务发展的财税政策,完善电子商务投融资机制);加快信用、认证、标准、支付和现代物流建设,形成有利于电子商务发展的支撑体系(加快信用体系建设,建立健全安全认证体系,建立并完善电子商务国家标准体系,推进在线支付体系建设,发展现代物流体系);发挥企业的主体作用,大力推进电子商务应用(继续推进企业信息化建设,重点推进骨干企业电子商务应用,推动行业电子商务应用,支持中小企业电子商务应用,促进面向消费者的电子商务应用);提升电子商务技术和服务水平,推动相关产业发展(发展电子商务相关技术装备和软件,推动电子商务服务体系建设);加强宣传教育工作,提高企业和公民的电子商务应用意识(加大电子商务宣传力度,加强电子商务的教育培训和理论研究);加强交流合作,参与国际竞争(加强国际交流与合作,积极参与国际竞争)。[①]

(二)《2006~2020年国家信息化发展战略》

2006年3月19日,中共中央办公厅、国务院办公厅发布了《2006~2020年国家信息化发展战略》(以下简称《战略》),这是我国首个信息化

---

① 中国政府网,http://www.gov.cn/gongbao/content/2005/content_63341.htm.

国家战略,明确提出了我国向信息社会迈进的宏伟目标,并明确了未来15年我国信息化发展的指导思想、战略目标、战略重点、战略行动计划和保障措施。该战略的发布是我国信息化建设的一座里程碑,它将我国的信息化建设推进到一个新的阶段。《战略》指出,到2020年,我国信息化发展的战略目标是:综合信息基础设施基本普及,信息技术自主创新能力显著增强,信息产业结构全面优化,国家信息安全保障水平大幅提高,国民经济和社会信息化取得明显成效,新型工业化发展模式初步确立,国家信息化发展的制度环境和政策体系基本完善,国民信息技术应用能力显著提高,为迈向信息社会奠定了坚实基础。具体目标包括:促进经济增长方式的根本转变;实现信息技术自主创新、信息产业发展的跨越;提升网络普及水平、信息资源开发利用水平和信息安全保障水平;提升政府公共服务能力、社会主义先进文化传播能力、中国特色的军事变革能力和国民信息技术应用能力。《战略》指出,我国信息化发展的战略重点是:推进国民经济信息化;推行电子政务;建设先进网络文化;推进社会信息化;完善综合信息基础设施;加强信息资源的开发利用;提高信息产业竞争力;建设国家信息安全保障体系;提高国民信息技术应用能力,造就信息化人才队伍。《战略》还提出了相应的战略行动计划:国民信息技能教育培训计划;电子商务行动计划;电子政务行动计划;网络媒体信息资源开发利用计划;缩小数字鸿沟计划;关键信息技术自主创新计划。①

(三)《国务院关于大力发展电子商务　加快培育经济新动力的意见》

2015年5月4日,国务院发布了《国务院关于大力发展电子商务　加快培育经济新动力的意见》(以下简称《意见》),这是2005年以来,国家层面出台的又一部促进电子商务发展的政策文件,旨在消除束缚电子商务发展的机制体制障碍,进一步发挥电子商务在培育经济新动力,打造"双引擎"、实现"双目标"等方面的重要作用。《意见》确立了积极推动、逐步规范、加强引导的基本原则,确立了主要目标:到2020年,统一开放、

---

① 中国政府网,http://www.gov.cn/gongbao/content/2006/content_315999.htm.

竞争有序、诚信守法、安全可靠的电子商务大市场基本形成，电子商务与其他产业深度融合，成为促进创业、稳定就业、改善民生服务的重要平台，对工业化、信息化、城镇化、农业现代化同步发展起到关键性作用。《意见》提出：营造宽松发展环境（降低准入门槛，合理降税减负，加大金融服务支持，维护公平竞争）；促进就业创业（鼓励电子商务领域就业创业，加强人才培养培训，保障从业人员劳动权益）；推动转型升级（创新服务民生方式，推动传统商贸流通企业发展电子商务，积极发展农村电子商务，创新工业生产组织方式，推广金融服务新工具，规范网络化金融服务新产品）；完善物流基础设施（支持物流配送终端及智慧物流平台建设，规范物流配送车辆管理，合理布局物流仓储设施）；提升对外开放水平（加强电子商务国际合作，提升跨境电子商务通关效率，推动电子商务"走出去"）；构筑安全保障防线（保障电子商务网络安全，确保电子商务交易安全，预防和打击电子商务领域违法犯罪）；健全支撑体系（健全法规标准体系，加强信用体系建设，强化科技与教育支撑，协调推动区域电子商务发展）。①

(四)《国务院办公厅关于促进跨境电子商务健康快速发展的指导意见》

2015年6月16日，国务院办公厅发布了《国务院办公厅关于促进跨境电子商务健康快速发展的指导意见》（以下简称《意见》），这是新形势下，促进跨境电子商务加快发展的指导性文件。《意见》指出：支持国内企业更好地利用电子商务开展对外贸易；鼓励有实力的企业做大做强；优化配套的海关监管措施；完善检验检疫监管政策措施；明确规范进出口税收政策；完善电子商务支付结算管理；提供积极财政金融支持；建设综合服务体系；规范跨境电子商务经营行为；充分发挥行业组织作用；加强双多边国际合作；加强组织实施。②

---

① 中国政府网，http://www.gov.cn/zhengce/content/2015-05/07/content_9707.htm.
② 中国政府网，http://www.gov.cn/zhengce/content/2015-06/20/content_9955.htm.

（五）《国务院关于积极推进"互联网+"行动的指导意见》

2015年7月1日，国务院发布了《国务院关于积极推进"互联网+"行动的指导意见》（以下简称《意见》），这是推动互联网由消费领域向生产领域拓展，加速提升产业发展水平，增强各行业创新能力，构筑经济社会发展新优势和新动能的重要举措，同时也在引领未来新业态的发展方向。《意见》指出了具体的发展目标，到2018年，互联网与经济社会各领域的融合发展进一步深化，基于互联网的新业态成为新的经济增长动力，互联网支撑大众创业、万众创新的作用进一步增强，互联网成为提供公共服务的重要途径，网络经济与实体经济协同互动的发展格局基本形成；到2025年，网络化、智能化、服务化、协同化的"互联网+"产业生态体系基本完善，"互联网+"新经济形态初步形成，"互联网+"成为经济社会创新发展的重要驱动力量。《意见》指出了如下重点行动："互联网+"创业创新（强化创业创新支撑，积极发展众创空间，发展开放式创新）；"互联网+"协同制造（大力发展智能制造，发展大规模个性化定制，提升网络化协同制造水平，加速制造业服务化转型）；"互联网+"现代农业（构建新型农业生产经营体系，发展精准化生产方式，提升网络化服务水平，完善农副产品质量安全追溯体系）；"互联网+"智慧能源（推进能源生产智能化，建设分布式能源网络，探索能源消费新模式，发展基于电网的通信设施和新型业务）；"互联网+"普惠金融（探索推进互联网金融云服务平台建设，鼓励金融机构利用互联网拓宽服务覆盖面，积极拓展互联网金融服务创新的深度和广度）；"互联网+"益民服务（创新政府网络化管理和服务，发展便民服务新业态，推广在线医疗卫生新模式，促进智慧健康养老产业发展，探索新型教育服务供给方式）；"互联网+"高效物流（构建物流信息共享互通体系，建设深度感知智能仓储系统，完善智能物流配送调配体系）；"互联网+"电子商务（积极发展农村电子商务，大力发展行业电子商务，推动电子商务应用创新，加强电子商务国际合作）；"互联网+"便捷交通（提升交通运输服务品质，推进交通运输资源在线集成，增强交通运输科学治理能力）；"互联网+"绿色生态（加强资源环境动态监测，大力发展智慧环保，完善废旧资源回收利用体系，建立废弃物在线交易系统）；"互联网+"人工智能（培育发展人工智能新兴产业，推进重点领域智能产品创新，提升终端产品智能化水平）。①《意见》节选内容见附录二。

（六）《国务院关于印发促进大数据发展行动纲要的通知》

2015年8月31日，国务院发布了《国务院关于印发促进大数据发展行动纲要的通知》（以下简称《纲要》），提出了我国大数据发展的顶层设计，是指导我国未来大数据发展的纲领性文件。《纲要》提出了未来5~10年的总体目标：打造精准治理、多方协作的社会治理新模式；建立运行平稳、安全高效的经济运行新机制；构建以人为本、惠及全民的民生服务新体系；开启"大众创业、万众创新"的创新驱动新格局；培育高端智能、新兴繁荣的产业发展新生态。《纲要》明确了主要任务：加快政府数据开放共享，推动资源整合，提升治理能力（大力推动政府部门数据共享，稳步推动公共数据资源开放，统筹规划大数据基础设施建设，支持宏观调控科学化，推动政府治理精准化，推进商事服务便捷化，促进安全保障高效化，加快民生服务普惠化）；推动产业创新发展，培育新兴业态，助力经济转型（发展工业大数据，发展新兴产业大数据，发展农业农村大数据，发展万众创新大数据，推进基础研究和核心技术攻关，形成大数据产品体系，完善大数据产业链）；强化安全保障，提高管理水平，促进健康发展（健全大数据安全保障体系，强化安全支撑）。②

（七）《国务院办公厅关于推进线上线下互动　加快商贸流通创新发展转型升级的意见》

2015年9月18日，国务院办公厅发布了《国务院办公厅关于推进线上线下互动　加快商贸流通创新发展转型升级的意见》（以下简称《意见》），部署推进线上线下互动，促进实体店发展工作。《意见》提出：鼓励线上线下互动创新（支持商业模式创新，鼓励技术应用创新，促进产品服务创

---

① 中国政府网，http://www.gov.cn/zhengce/content/2015-07/04/content_10002.htm.
② 中国政府网，http://www.gov.cn/zhengce/content/2015-09/05/content_10137.htm.

新);激发实体商业发展活力(推进零售业改革发展,加快批发业转型升级,转变物流业发展方式,推进生活服务业便利化,加快商务服务业创新发展);健全现代市场体系(推进城市商业智能化,推进农村市场现代化,推进国内外市场一体化);完善政策措施(推进简政放权,创新管理服务,加大财税支持力度,加大金融支持力度,规范市场秩序,加强人才培养,培育行业组织)。①

三、互联网技术的发展

互联网技术在概念范畴有三层含义:其一,硬件层面,指各种对数据进行存储、处理和传输的设备,主要包括主机设备和网络通信设备等;其二,软件层面,主要为对数据进行检索、收集、应用、储存、分析、评估的各种软件,商用管理软件主要包括企业资源计划软件(ERP)、客户关系管理软件(CRM)、供应链管理软件(SCM)等,除此之外,工作流管理软件(WF)、数据仓库和数据挖掘软件(DW/DM)也在之列;其三,应用层面,主要指检索、收集、应用、储存、分析、评估使用的各类信息,包括应用以上提到的各种软件对信息数据进行处理运用,为决策者的决策提供辅助作用。②

(一)私有云技术

互联网用户对网络使用功能的要求不断提高,企业和个人更重视其自身文件的私密性。因此,从互联网云技术方面讲,私有云技术同时显现出其重要性。一般观点认为,互联网云技术包括公有云和私有云等。私有云为单独用户使用,能够最有效控制数据,提高信息的安全性和服务质量。网络用户可以单独设有基础设施,部署应用程序,设在企业数据中心内,同样可采用托管模式。对于绝大部分公有云服务提供商来说,他们的平台往往是通过标准和价格低廉的硬件平台构建,网络服务以大众化为主。相

---

① 中国政府网,http://www.gov.cn/zhengce/content/2015-09/29/content_10204.htm.
② 田彬.互联网技术革命视域下的人类生存方式变革研究[D].武汉理工大学博士学位论文,2014.

对公有云而言，私有云的优点包括：应用数据安全，私有云环境最大的优势是它们能够通过安全的多层级客户访问和数据大幅降低风险；SLA稳定性好；现有硬件资源和软件资源利用充分；对现有IT管理的流程不影响；保留公司自身的设备，将数据交付给第三方运营商意味着放弃对这些数据的控制权；私有云同时还可以缓解公共云可能产生的一些问题，使获取服务和数据的过程大大简化。企业使用私有云系统，可以实现企业内部云通信功能，文件、数据的云端储存、云办公和移动云应用等服务。

（二）软件定义的网络（SDN）

软件定义网络，增加了网络流量控制的灵活性，为网络应用的创新提供了很好的技术支持。软件定义的网络优点在于：交换机、路由器作为传统的网络设备固件，是由设备制造商锁定和控制的，SDN主要是将网络控制与物理网络分开，进而摆脱硬件对网络架构的限制。互联网用户在不替换路由器、交换机的情况下就可以像安装、升级软件一样对网络构架进行修改、扩容和升级。不需替换硬件，将缩短网络架构迭代周期，也能使用户节省大量的成本费用。

（三）高级同步

微软使用Windows8的概念，进一步保持同步跨越的Windows8个人电脑和可能的Windows手机智能系统不只是数据，而且按照应用程序的状态，为使用者挑选最多的设备，无论是工作或在任何其他设备上准备进行别的活动。这种新的行为改变了人们在计算机上的工作方式。可以很容易地控制自己的智能手机，同步数据和其他资源，使用户真正地体会到以用户为中心的计算数据和元数据的自动同步。同步资料的计算模型能让我们的应用程序变得更随意，在安全模式和其他技术方法方面产生深远的影响。在家中工作和笔记本电脑的趋势将开始一个全新的计算机安全与端点的概念，迫使一个更好的身份管理和认证的方法出现，办公室PC鼎盛时期的到来，将使我们摆脱验证资料繁多的烦恼。

（四）分布式存储分层

传统的网络存储系统将数据存放在特定的一个或几个物理实体的存储

服务器中，存储服务器成为系统性能的瓶颈，也缺乏可靠性和安全性，不能满足大规模存储应用的需要。分布式存储分层系统是采用可扩展的系统结构。通过数据通信网络将网络中各用户设备上分散可用的存储资源构成一个虚拟的存储设备，使数据分散地存储在网络用户的各个空间内，负荷由多台存储服务器分担存储，利用位置服务器定位存储信息，使数据储存独立，安全性、灵活性提高，大大提高了系统的可用性、可靠性、存取效率和扩展性，彻底解决了大型网站海量数据有效存储的问题。

（五）持续集成

所谓持续集成是一种新的软件开发实践。软件开发工程逐渐显现多样化、复杂化，各开发团队成员之间如何更好地协同工作以确保软件开发质量是软件开发工作中公认的难题。随着近几年软件开发工程领域的需求增加，在不断变化的需求中如何快速适应和保证软件的质量显得重要和紧迫。持续集成就是解决该项问题的一种软件开发技术，能够对各开发单位成员的工作内容进行不断的实时自动化的集成、验证，保证第一时间发现集成错误，保证各网络成员更快地开发内聚的软件，完成程序、信息等最终集成。持续集成中的任何一个环节都是自动完成的，省时、省力、协调一致，更易于网络技术统一开发。

（六）DWDM 光信息技术

随着快速网际接取、视讯等电信服务的宽频化，使主干网络的传输容量需求随之提升。目前，商用 SDH-16（2.5Gb/s）系统在容量方面显得匮乏，一些厂家已将 SDH 传输系统容量提升至 SDH-46（10Gb/s）。若要将 SDH 传输系统容量再提升至 SDH-256（60Gb/s），则需在半导体技术方面进一步有所突破。近几年，由于半导体镭射、光放大器等光源技术日趋成熟，使 DWDM 光信息技术得到迅速发展。密集型光波复用（DWDM）技术是在一根指定的光纤中，多路复用单个光纤载波的紧密光谱间距，以便利用可以达到的传输性能。这样，在给定的信息传输容量下，可以减少所需要的光纤的总数量。DWDM 在结构上分为集成系统和开放系统两种，与开放系统相比，集成系统的优势主要是同时在收端和发端均去掉了 OTU 转换设备，能为互联网用户节省资源和节省投资。开放式系统大量采用普通光源的光传输设备，不利于集成系统运行。为此，骨干传输中可采用集成式与开放式兼容的混合式 DWDM，然后逐步更换普通光源的光传输设备，最终全部采用集成式 DWDM 技术。

（七）IPv4 技术

IPv4 是第一个被广泛使用，构成现代互联网技术的基础协议，也是互联网协议的第四个版本。IPv4 优势是其能运行在各类的底层网络上，诸如端对端的串行数据链路等底层网络。同时也存在地址空间小、安全性低等不足，对互联网发展存在技术瓶颈。随着网络技术的不断更新，IPv4 将被 IPv6 所替代，并逐渐退出互联网市场。IPv6 是由 IETF 设计的一种新 IP 协议，IPv6 的出现彻底解决了 IPv4 协议端到端 IP 连接、服务质量、安全性等存在的问题，IPv6 与网络融合使网络产业等得到了迅猛发展。

（八）无线技术

窄带广域网包括高速线路交换数据 HSCSD、多时隙通用分组无线业务 GPRS、蜂窝数字分组数据 CDPD 三种标准。HSCSD 是为无线用户提供 38.3kbps 速率传输的无线数据传输方式，它的速度比 GSM 通信标准的标准数据速率快几倍。宽带广域网包括本地多点分配业务微波的宽带 LMDS、无线用户环路系统 SCDMA、宽带分码多工存取 WCDMA 三种。LMDS 是一种微波的宽带业务，采用一种类似蜂窝的服务区结构，将一个需要提供业务的地区划分为若干服务区，每个服务区内设基站，基站设备经点到多点无线链路与服务区内的用户端通信。局域网包括蓝牙 Bluetooth、IEEE802.11 和 IrDA 三种传输标准。蓝牙系统是使用扩频技术，在携带型装置和区域网络之间提供一个快速而安全的短距离无线电连接。局域网具有网络覆盖地理范围小、数据传输速率高等特点。广域网的带宽和速度是制约网络无线技术的主要瓶颈。宽带广域网与窄带广域网相比，其最大的优势在于宽带特性，宽带网频谱高，速度快，具有广阔的发展空间。

（九）移动互联网

移动互联网业务包括移动设备上的网页浏览、文件下载、在线游戏、视频浏览等。随着智能手机的普及和信息化快速发展，依托无线技术的移动互联网的迅猛发展已经是一个不争的事实。在当今高度信息化的时代，移动互联网已不是停留在手机游戏的初级阶段，各类互联网金融等新兴产业似雨后春笋般蓬勃发展。按现在的发展情况看，将来互联网应重点关注宽带应用和广电网融合引起的娱乐内容需求及互联网金融等领域。不难预见，移动互联网将来会渗透无线技术所涉及的各个领域，移动互联网行业的发展前景将超乎人们的想象。①

四、"互联网+"的产生和发展

20世纪下半叶以来，ICT（Information Communications Technology）的快速发展，不仅带来了人类沟通交流手段和信息处理方式的深度变革，而且催生了新兴的ICT产业和B2B、B2C、C2B及O2O等新型商业模式。特别是近年来迅猛发展的物联网、移动互联网、云计算和大数据等技术，不仅被广泛地应用于第三产业，而且正在向第一产业和第二产业渗透，并推动了传统产业的数字化、网络化和智能化转型，形成了一股"互联网+"浪潮。

"互联网+"是由产业界率先提出的新概念。阿里研究院2015年的《"互联网+"研究报告》将"互联网+"界定为，以互联网为主的一整套信息技术在经济、社会生活各部门的扩散、应用过程。该报告指出，与传统意义上的信息化不同，传统的信息化没有释放出信息和数据的流动性，而互联网作为信息处理成本最低的基础设施，其开放、平等、透明等特性将使信息和数据"动起来"，并转化成巨大的生产力，成为社会财富增长的新源泉。② 腾讯研究院2015年的《"互联网+"系列报告之一：愿景篇》将"互联网+"理解为，利用互联网的平台，利用信息通信技术，把互联网和包括传统行业在内的各行各业结合起来，在新的领域创造一种新的生态；

---

① 龙兴国. 互联网技术发展现状与前景 [J]. 通信设计与应用, 2015 (10): 7-8.
② 阿里研究院, http://www.aliresearch.com/blog/article/detail/id/20284.html.

"互联网+"代表的是一种利用外在资源和环境提升一个行业的能力。①

产业界虽然对"互联网+"有多种解读,但它们基本上都是将"互联网+"理解为信息化的升级版,并基于熊彼特意义上的创新视角,将其理解为由"云"(云计算和大数据基础设施)、"网"(互联网和物联网)、"端"(直接服务个人的设备)三个方面构成的互联网技术在经济和社会领域中的应用。但是,在信息社会、大数据时代,以及"互联网+"上升为国家战略的大背景下,"互联网+"不应当被简单地理解为一项新技术的应用,而是要从互联网技术推动经济和社会变革的高度,从发挥互联网技术的积极作用角度,将其理解为一种全新的发展范式。

从复杂性科学和自组织理论视角看,人类社会是一个自组织的复杂巨系统,互联网技术是20世纪下半叶人类技术系统中出现的一个随机涨落,但这个随机涨落,一方面被经济和社会系统不断地放大,另一方面又与经济、社会和文化等人类社会的其他子系统发生非线性的相互作用,并在互动中不断打破经济和社会系统原有的纳什均衡,推动经济和社会进入数字化、智能化和协同化发展新阶段,并向帕累托最优状态不断逼近。

上述互联网技术改变人类经济和社会演化轨道的过程和现象就是"互联网+"。"互联网+"是一个旨在推动经济和社会系统不断逼近帕累托最优的动态演化过程。该过程一般是沿着"建立终端互联→实施数据交换→开展动态优化→推动产业变革→促进社会转型"的路径,不断提高物理世界、经济活动、社会生活三个层面的网络化或数字化水平。

第一,物理世界的网络化和数字化。依靠互联网技术,将人类生活和生产的空间逐步网络化,实现"人、事、物"的终端互联和数据互通,并推进物理世界、信息空间和社会关系网络的数字化融合。

第二,经济活动的数字化。充分发挥互联网和物联网的连接思想、连接人体、连接物体、连接环境的跨界渗透能力,加快线上与线下相互融合;依托供应链和消费者的海量实时互动数据,并借助云计算和大数据等

---

① 腾讯研究院. http://www.tisi.org/Article/lists/id/3704.html.

信息处理技术，创建数字化的新型商业模式和资源配置方式，提高生产、服务及资源配置方式的数字化和智能化水平。

第三，社会生活的网络化和数字化。依托移动互联网，扩展人类社会的网络化生存时空范围，提高社会生活的数字化水平，进而加快数字化市场和数字化经济的发展；同时，经济的数字化发展又会进一步促进社会管理、生产消费、日常生活等多个场景跨界互动与融合，进一步丰富人类的数字化生活，推动社会文化的变迁。①

总体上看，"互联网+"是一个技术、经济、社会、文化的跨界耦合系统，是一个借助新一代信息处理技术，构建覆盖经济和社会方方面面的复杂信息物理系统，是优化生产服务模式和资源配置方式的新战略，是一个推动经济创新发展和社会和谐发展的新范式。

2015年3月5日，李克强总理在十二届全国人大三次会议上的政府工作报告中提出制订"互联网+"计划，提出将移动互联网、云计算、大数据、物联网等与现代制造业结合，促进电子商务、工业互联网和互联网金融健康发展，引导互联网企业拓展国际市场。这是总理政府工作报告中第一次出现"互联网+"的概念，也是第一次将"互联网+"写入国家经济顶层设计，将"互联网+"概念提升到了一个前所未有的高度。

（一）外在表征："互联网+传统产业"

"互联网+"是互联网与传统产业的结合，其最大的特征是依托互联网把原本孤立的各传统产业相连，通过大数据完成行业间的信息交换。信息的不对称是普遍存在于各行业中的一项顽疾，其会导致供需关系不清从而影响行业的生产结构、生产模式与生产效率。以云计算、物联网、移动通信网络为代表的新信息技术为改变信息的闭塞与孤立提供可能。事实上，目前在交通、金融、物流、零售业、医疗等行业，互联网已经展开了与传统产业的联合，并取得了一些成果。

"互联网+"作为外推力，有利于互联网与传统产业的深度结合。电子

---

① 腾讯研究院，http://www.tisi.org/Article/lists/id/3704.html.

商务的高速发展得益于互联网与零售业的深度融合。互联网提供的在线销售模式为消费者提供了新的购物方式。利用互联网，一方面，企业完成了产品全方位的展示，使产品的供应信息得以透明化、公开化；另一方面，消费者根据相对完整的产品展示信息进行购物，自身需求得到满足。

互联网与零售业的融合使原有产业链渠道改变，产品成本减少，消费者能够得到更优质的服务。例如，苏宁、国美等传统电器卖场通过开设网上商城的形式，全方位展示商品参数信息，通过送货上门服务使消费者足不出户便可以购买大宗家电。2014年9月阿里巴巴在美国的成功上市，也昭示着电子商务巨大的发展潜力和活力。

互联网与交通业融合为用户的生活、出行提供了便利。基于互联网特别是移动互联网的地理位置更新，互联网与交通业的结合使用户出行得到便利。在公共交通工具上，如"车来了"等移动应用可以基于公交车的位置数为用户提供公交车实时位置更新。基于实时网络数据传送，用户出门延误和等待时间得到减少。在出租车方面，"滴滴打车"等应用的出现解决了出租车行业供需不平衡的问题。基于移动互联网的手机应用客户端解决了用户打不到车与出租车空车行驶之间的矛盾。

与此同时，互联网与旅游业的结合，使旅游业的去中介化越加明显。基于途牛网、蚂蜂窝等旅游经验分享型网站的兴起与发展，使旅游业的产业发展模式得到改变。

互联网与医疗业的结合使医疗资源的分配得到有效改善。医院通过开通网络挂号、专家预约、网上问诊的方式，节省了患者排队就医的时间成本。同时，基于互联网建立患者的电子病历、患者数据库或者健康数据库进行数据留存，是为患者服务、推动医疗业发展的有效途径。

余额宝、网络银行、P2P个人信贷等互联网金融的发展掀起全民理财的热潮，使金融业更加"接地气"。

"互联网+"意味着互联网向其他传统产业输出优势功能，使得互联网的优势得以运用到传统产业生产、营销、经营活动的每一个方面。传统产业不能单纯将互联网作为工具运用，要实现线上和线下的融合与协同，利用明确的产业供需关系，为用户提供精准、个性化服务。当然，在不同的行业，"互联网+"的具体表现不尽相同，不同行业与互联网的融合程度和方式也需具体分析。

(二) 深层目的：产业升级+经济转型

"互联网+"带动传统产业互联网化，所谓互联网化指的是传统产业依托互联网数据实现用户需求的深度分析。通过互联网化，传统产业调整产业模式，形成以产品为基础，以市场为导向，为用户提供精准服务的商业模式。互联网的商业模式是基于流量展开的，互联网带来的是"眼球经济"，注意力转变为流量，流量再变现。因此，如何吸引用户关注、了解用户需求是互联网商业模式改革的关键点。基于新的商业模式，传统产业通过调整资本运作和生产方式，从单纯注重产品生产的固有思维中解放，在关注产品的基础上加入用户需求元素，形成具有互联网思维的新型企业模式。

技术应用也是"互联网+"计划中的重要内涵之一。核心技术为传统产业互联网化提供了技术支持。互联网本身就是新技术，对新技术的应用有利于传统产业进行技术创新。传统产业利用新技术创新，可以扩展产品市场。市场创新，即利用互联网技术开辟和占领新的市场。互联网的开放、分享特性使产业市场实现跨地域化扩展。技术应用同样可以带来新的资源，产业的供应源得以多元化，新资源得以开发和利用。

互联网与传统产业的"联姻"将促进创新成为产业升级的重要引擎。在管理体系上，互联网同样为新的组织和管理方式的形成提供了可能。传统产业的组织和管理上，同样存在着因信息的不自由流通、信息的不对称导致的低效。在企业内部管理体系方面，通过互联网管理系统完成任务分配，可以增加员工的交流效率，减少不必要的人力、时间成本支出。而利用互联网进行员工信息管理，以透明和公开的方式进行信息共享，有利于信息的快速传达，使成员第一时间进行工作内容调整与跟进，提高工作效率。同时，互联网带来的信息快速更新，也迫使企业根据市场变化及时调整战略目标，做出正确的决策判断。互联网使新的管理体系得以建立与运行，企业员工工作方式发生变革，新的管理态势得以形成。"互联网+"力求的产业升级是通过管理体系、技术应用、商业模式等综合创新实现的。传统产业的互联网化使传统产业效率、运营、管理等方面均得到提升。①

五、我国网站发展现状

根据中国互联网协会、国家互联网应急中心2016年3月联合发布的《中国互联网站发展状况及其安全报告（2016）》，我国网站发展呈现出以下特征和趋势。

（一）中国网站规模发展迅猛

截至2015年12月底，中国网站总量达到426.7万余个，同比年度净增长62万余个，超过前五年中国网站净增量总和，中国网站所使用的独立域名共计561.7万余个，网站主办者达到327.3万余个。全国提供教育、医疗保健、药品和医疗器械、新闻等专业互联网信息服务的网站2.3万余个。

（二）互联网接入市场竞争日趋激烈，市场集中度进一步提升

一是互联网接入市场竞争日趋激烈。从事网站接入服务业务的市场经营主体快速增长，2015年全国新增54家。

二是国退民进加剧，市场集中度进一步提升。三家基础电信企业直接接入的网站为中国网站总量的6%，同比下降1个百分点。而接入网站数量排名前20位的接入服务商接入网站数量占比由2014年底的58.13%提高到2015年底的64.96%。接入网站数量在1万家以上的重点接入服务商数量比2014年减少2家，为54家，54家重点接入服务商接入网站总量为中国网站总量的77.1%，比2014年提高4个百分点。

三是市场份额相对均衡。单一接入服务商市场份额均未超过30%。

四是民营接入服务商发展成就越来越显著。以腾讯云为代表的新型云

---

① 黄楚新，王丹. "互联网+"意味着什么——对"互联网+"的深层认识[J]. 新闻与写作，2015（5）：6-8.

计算公司发展迅速，接入网站数量排名前 10 位的接入服务商均为民营接入服务商，接入网站数量排名前 20 位的接入服务商中只有 1 家基础电信企业省级公司，且排名在第十五位。

（三）中国网站主办者中单位举办网站所占比例进一步提高

在 426.7 万个网站中，网站主办者为单位举办的网站达到 323.5 万余个，占中国网站总量的 75.8%，同比提高 18.7%。其中企业举办网站达到 301.9 万余个，较 2014 年底增长 49.3 万余个。主办者性质为个人的网站达 103.1 万余个，较 2014 年底增长 11 万余个，主办者性质为事业单位、政府机关、社会团体的网站较 2014 年底分别出现小幅度增长。

（四）网站主办者配置使用网站域名的选择性增多，但仍相对集中

截至 2015 年 12 月底，".com" 域名使用数量最多，达到 350 万余个，其次为 ".cn" 和 ".net" 域名，各使用 146.9 万余个和 33 万余个，较 2014 年底分别增长 54.1 万、17.4 万和 3.5 万余个。

（五）中国网站注册使用新通用顶级域和中文域名的积极性显著提高

截至 2016 年 1 月 20 日，全球新通用顶级域名注册量接近 1164 万个，来自中国的注册量为 5183613 个，占全部新通用顶级域名注册量的 44.8%，是排名第二的美国的三倍还多，占据了全球新顶级域名市场的半壁江山。注册量排在前十位的新通用顶级域名中有四个来自中国，依次为：top、wang、网址、ren。在使用上，截至 2015 年 12 月底，".中国"、".公司"、".网络"、".商城" 等 24 类中文顶级域名在备案系统中备案的域名总数达到 7.3 万多个。2015 年全年，网站注册使用 ".wang"、".ren"、".商城"、".我爱你"、".集团" 等多个新通用顶级域名的备案数量持续增长，其中 ".wang" 占比为 64.7%，在新通用顶级域名中占领半壁江山，然后为 ".ren" 和 ".网址"。

（六）专业互联网信息服务网站持续增长，文化类网站增幅最大

截至 2015 年 12 月底，专业互联网信息服务网站共计 2.3 万余个，主要集中在教育、医疗保健、药品及医疗器械等行业和领域，新闻、视听节目、出版等行业和领域发展规模相对较小。与 2014 年底相比，各类专业互联网信息服务网站均有所增长,其中文化类网站增幅最大,同比增长43.3%。

(七)互联网金融等新业态发展态势良好

2015年是互联网金融快速发展的一年,国家系列战略规划的部署、互联网信息技术的普及应用使得互联网与金融的融合程度越来越深、融合广度不断拓展,传统的金融机构以及业内优秀的互联网金融企业不断探索,逐步形成了一个业务形态丰富、服务形式创新、参与主体多样化的生态系统。据公信点评网(www.dianping.wang)统计,截至2015年底,互联网金融类网站共计4045个,其中广东(733个)、山东(494个)、北京(462个)、上海(379个)、浙江(369个)位列全国前五名。互联网金融相关主管部门正根据《关于促进互联网金融健康发展的指导意见》(银发〔2015〕221号)的要求不断完善互联网金融的规则、制度,为互联网金融的健康发展营造良好的政策环境。

(八)网站接入、网站加速、网站安全已成为互联网接入市场中的三项基本业务

采用网站加速、网站安全防护等互联网新技术新业务的网站数量及规模正在快速增长。2015年从事网站加速、网站安全防护等互联网新技术新业务的网宿科技、知道创宇等互联网企业的规模日益扩大。2015年从事CDN的网宿科技业绩增长持续超预期,全年网宿营业收入达29.3亿元,同比增长53.4%。知道创宇旗下云安全防御平台已对全国80余万网站做出安全防护。

(九)中国网站语种呈多元化发展趋势

截至2015年12月底,中国网站中除简体中文、繁体中文和英语之外,使用其他语言网站的数量较2014年底增长6000余个,其中包含法语、藏语、西班牙语、日语、俄罗斯语等14种语言。

(十)中国互联网行业创新创业更加活跃与频繁

互联网领域的创业创新正在引领新一轮科技革命和产业变革,互联网领域呈现出前所未有的创业创新热情和氛围。从2015年"中国互联网企业 100 强"排行榜看，在前十位中有三家企业发生变化，阿里巴巴跃升第一位，携程、搜房首次跻身前十位。创业创新是否成功与网站生存周期关系密切，2015 年全年新开通的中国网站数量为 110.3 万余个，平均每月新开通网站 9.1 万余个；全年网站主办者自行停办的中国网站为 48.3 万余个，平均每月自行停办的网站为 4 万余个。①

---

① 新华网，http://news.xinhuanet.com/info/2016-03/18/c_135200752.htm.

第三章 体育产业的产生和发展

第一节 国外体育产业的产生和发展

西方学者一般认为,体育产业起源于英国。美国学者莉萨·马斯特拉莱西思在1998年出版的《体育管理理论与实践》中提出,"英国是现代体育和体育产业的出生地"。应该说,这样的判断是有依据的。现在体育可以作为产业经营的绝大部分运动项目,基本上都源于英国人创立并竭力推崇的户外运动。如足球、拳击、橄榄球、高尔夫球、保龄球以及部分水上和冰上运动项目。尤其是英帝国以"炮舰政策"开道的殖民扩张,又把英国贵族们热衷的户外运动传给了殖民地的新贵,从而使户外运动逐渐传播到美国和欧亚等许多国家。这客观上为体育在全球的职业化、商业化做了经营内容上的准备,现代体育的产业基础由此开始奠定。

体育作为产业除了需要有可以开展经营的内容之外,还必须有开展经营所不可或缺的组织形式。这一组织形式就是俱乐部体制(Club System),而俱乐部体制最早也是产生于英国。1750年在英国的纽玛克特(Newmarket)一批贵族资助成立了著名的赛马俱乐部(The Joekey CLub)。该俱乐部是一个普通的赛马俱乐部,它之所以有名,是因为该俱乐部开创了现代体育俱乐部的法人治理结构和与之相配套的规章制度与运行机制,并且"赛马俱乐部"的模式很快就被英国的板球、拳击等其他运动项目仿效,并进一步在欧美的许多国家流行。所以说，英国可能比其他任何国家都更有理由成为体育产业的发源国。

当然，谈到体育产业的起源只提英国不提美国，也是不客观、不全面的。因为，一是美国也是当今世界上一些最为成功的商业化体育经营项目的创始国，如篮球等；二是美国人在引进英国俱乐部体制的基础上又创立了现代体育职业化、商业化所不可缺少的另一个十分重要的组织形式，即联盟体制（League System）。而后者在确立现代体育的产业地位方面发挥了极其重要的作用。19世纪初叶"赛马俱乐部"模式开始在美国流行，许多年轻人纷纷按照英国人的传统建立体育俱乐部，但是，他们很快就发现英国的俱乐部体制在美国很难获得成功，因为美国社会缺乏贵族传统，俱乐部难以找到贵族们慷慨赞助而得以维持。于是，美国人开始探索营利型俱乐部的运作方式。

1828年，美国纽约的一个赛马俱乐部的会员考德沃德·科尔顿（Caldwalder Colden），为解决俱乐部资金困难向俱乐部提出两条建议：一是在俱乐部内部出售10000美元的股份，二是向观众出售门票。尽管俱乐部经过讨论否决了他的第一条建议，但是同意他在1829年的赛季按商业方式运作俱乐部的整个赛事，由此，开创了体育商业化的先河。

美国内战以后，棒球超过板球成为当时美国最流行的运动。1871年部分职业棒球队联合成立了全美棒球协会，凡是给尖子运动员支付薪金的棒球俱乐部都可以加入该协会。1876年有"棒球沙皇"之誉的威廉·赫尔伯特（Willian Hulbort）接管了全美棒球协会。他认为只要像经商那样经营棒球，棒球完全可以盈利，并在上任不久就将全美棒球协会改名为全美棒球联盟。随后又立即着手制定联盟的各项规则，并有计划、有步骤地开发棒球的联赛市场，进行联盟的垄断经营。棒球职业联盟的成功运作，使得这种体制很快在篮球、美式橄榄球和冰球等项目中得到了推广。

当人类历史进入20世纪，美国已率先在自己的职业体育领域建立和完善了联盟体制。所谓联盟体制实际上是指职业队的业主们为追求自身利益的最大化，把经营权委托给一些专家，让他们代表自己的利益对联盟进行经营和管理的一种制度。它的特征是所有权和经营权相分离,是按照现代企业制度规范建立的一种"经济上的合资企业,法律上的合作实体";它的实质是通过垄断经营来获取最大利益。所以,美国商界一直把联盟称为"体育卡特尔"。今日的美国,除了中国人熟悉的NBA之外,棒球大联盟(MLB)、全美橄榄球联盟(NFL)、全美冰球联盟(NHL)和足球大联盟(MLS)都创造了令世人叹服的商业奇迹。而奇迹产生的深层原因和共性特征就是联盟体制这样一种独特的制度安排。

应该指出的是,联盟体制在北美的成功运作,并不是职业体育商业化唯一的组织形式。在当今欧洲各国,"赛马俱乐部"模式经过不断的改革和调整,已演变成为一种新型的商业俱乐部模式,并同样取得了商业上的成功。所不同的是,欧洲职业俱乐部是竞争环境下的"自营模式",北美联盟体制下的职业俱乐部是部分垄断经营的"自营+代理"模式。

总之,体育之所以能从一种单纯的教育和文化现象演变为能够创造几千亿美元产值的巨大产业,英国人创造的俱乐部体制和美国人创造的联盟体制同样功不可没。体育产业的形成和发展除了与竞技运动项目从业余走向职业的商业化路径有关外,大众体育的全球勃兴和健身娱乐产业的迅速崛起也是十分重要的维度。但是,相对于竞技运动的职业化探索,大众体育的商业化在时间上要晚得多。尽管18、19世纪西方主要资本主义国家的上流社会已经有了一定规模的体育健身娱乐消费,但那时的消费规模整体上还比较小,还不能形成一个真正意义上的产业。实际上直到20世纪中叶,欧洲国家在第二次世界大战之后的经济重建中重新崛起时,体育健身娱乐消费才真正实现了平民化、普遍化、生活化,大众体育(Sport for All)才有了产业地位。经过短短几十年的发展,后发的体育健身娱乐业已在产业规模和产值上超过了先发的竞赛表演业而成为全球体育产业中的主导产业。

所以说,体育产业的起源,从地缘上看,是发源于英国,继发于欧洲大陆和北美,美国是当今世界体育产业强国;从内容上看,是先竞技体育,后大众体育;从根源上看,是资本主义制度的建立和自身的不断调整带动世界经济的持续增长与人们生活水平的逐步提高所形成的多样化的体育消费需求；从制度保障上看，是俱乐部体制和联盟体制的建立和完善。①

20世纪初期，全球体育产业的总产值为4000亿美元，这时的体育产业已从非职业化赞助阶段走到了高速运转的市场化阶段。发达国家体育产业产值约占本国国内生产总值的1%～1.5%，体育产业进入这些国家的十大支柱产业之列。20世纪末，世界体育产业呈现出了欧、美、日三足鼎立的局面，形成了欧美领头走，日本随其后的格局。此时，全球体育产业的总产值已经达到了1万亿美元，北美、西欧等一些发达国家，体育产业的总产值约占国内生产总值的1%～3%，稳居国内十大支柱产业之列。2013年，全球体育产业年增加值接近9000亿美元，其中美国体育产业年增加值达到4500亿美元，占全球该行业的一半，且约占美国该年GDP的2.93%，法国则占GDP的2.85%。②

1. 美国

美国是全球第一体育强国，也是世界头号体育产业大国，体育产业非常发达。1999年美国体育产业总值为2125.3亿美元，占当年GDP的2.4%（1999年美国GDP约8.8万亿美元），美国体育产业已超过了美国发达的通信业、公共事务业、汽车制造业等产业成为美国六大支柱产业。2002年，美国的体育产业创造了2130亿美元的总收入，是汽车制造业总收入的两倍，发展速度十分惊人。美国体育产业主要由4部分组成。

（1）健身娱乐业。20世纪60年代后，随着网球、高尔夫球和有氧健身操为代表的有氧运动在美国迅速兴起，极大地促进了健身娱乐业的发展。进入90年代以后，美国每年参加体育健身活动超过100天的人数达到4390万人，体育俱乐部的会员数增加了51%。可以想象得出每年有这么多人参加体育健身休闲娱乐活动，对美国体育用品、旅游、服务等行业的消费有着怎样大的拉动作用，健身娱乐业占美国整个体育产业的32%，

---

① 鲍明晓. 国外体育产业形成与发展[J]. 体育科研，2005，26（5）：1-2.
② 中商情报网，http://www.askci.com/news/chanye/2015/03/27/153441l4wa.shtml.

成为美国体育产业中最重要的组成部分。

美国体育健身娱乐业之所以高度发达,其根本原因有三:一是美国人有良好的健康意识,对体育健身和休闲活动一直保持着浓厚的兴趣,养成了体育健身休闲消费的习惯;二是高度发达的社会经济,使美国人有钱、有闲,即有了体育休闲娱乐的经济基础和时间保障;三是美国不仅具有全球最大的体育娱乐市场,而且还拥有大量高素质的体育经营人才。

(2)体育用品生产业。体育用品生产业大约占整个体育产业的30%,是美国体育产业第二大组成部分。美国体育用品市场的规模为全球之最,约占全球1/3的份额。据SGMA(美国体育用品制造商协会)的一项调查,虽然整个社会的经济危机导致消费者需求减少,美国2008年体育用品产业比2007年减少了3.2%,但还是达到了总值663亿美元。美国拥有世界上最大的被誉为"近20年世界新创建的最成功的消费品公司"——体育用品制造企业耐克公司。耐克公司1972年的销售额仅为200万美元,1976年就达到1400万美元,经过二十年的发展,到了1996年销售额已达90亿美元,2004年销售额达到106.97亿美元,2009年销售额达到186.27亿美元,跻身世界500强的行列。①

(3)职业体育产业。19世纪初美国职业体育产业开始发展,其历史是美国体育产业中最长的,至今仍活力四射,它是一个由观众、运动员、俱乐部、联盟、媒体和政府共同组成的复杂系统。其中观众是消费者,运动员是有高超专业技能的有高收入的劳动者,俱乐部、联盟所有者和经营者、政府则是竞赛表演市场的管理者。传统上,美国有4个大的职业体育联盟:棒球大联盟(MLB)、全国篮球协会(NBA)、全国橄榄球联盟(NFL)及全国冰球联盟(NHF),共119支职业队。近年来又涌现了一批新成立的职业体育联盟,如足球大联盟(MLS)、全国足球协会(NSA)、女子NBA及女子职业垒球协会(WPF)等。全美大大小小的职业联盟共有792支职业队,职业队之多列全球之最。如此多的职业队、全年不断的

---

① 价值中国网,http://www.chinavalue.net/Management/Article/2010-3-4/190588.html。

联盟比赛、庞大的观众人数（据统计2000年去赛场观看美国职业体育比赛的人数达3亿人次），使美国不仅拥有巨大的体育竞赛表演市场，同时又造就了美国庞大的体育产业。20世纪80年代初，美国职业体育的总收入约30亿美元，到90年代中期，已经突破了70亿美元。其中，美国职业橄榄球联盟（NFL）、美国职业棒球大联盟（MLB）、美国职业篮球联盟（NBA）、美国职业冰球联盟（NHL）四大职业体育联盟的收入达到43亿美元，占美国职业体育总收入的61.4%。2009年，美国媒体公布了一项"最有价值体育产业"评选的结果，美国职业橄榄球联盟以45亿美元排在第一位，美国职业棒球大联盟为39亿美元、美国职业篮球联赛为33.5亿美元、美国赛车联合会（NASCAR）为19亿美元，分别排在第二位、第三位和第四位，包揽了排名榜的前4位，而世界杯足球赛以17亿美元排名第5位，最让人意外的是奥运会以10.4亿美元仅排名第15位。① 由此美国职业体育产业的商业价值可见一斑。总之，美国职业体育产业起步早、发展快，加之不断成熟规范的经营和管理，促使美国成为全球第一大职业体育产业国。

（4）体育经纪业。美国的经纪业产生于19世纪20年代，当时体育经纪业非常弱小且经常受到限制和排斥。直到20世纪70年代，实行运动员自由转会体育制度后，美国的体育经纪业才开始走向繁荣。现今，美国经纪业制度日趋完善，已经形成了以法规条例为核心的管理体制和科学有序的运作方式。虽然从产值上看，它在美国体育产业中所占的比重不大，但体育经纪业促进了体育的生产和消费，推动了体育产业的发展，使美国的体育市场欣欣向荣，体育产业蒸蒸日上。除上述体育产业以外，美国还有庞大的体育广告业、体育博彩业、体育媒体业、体育保险业等体育产业。现今，美国体育产业已经渗透到体育健身、休闲娱乐的各个方面，是世界上规模最大、效益最好的体育产业。

---

① 广州日报. http://gzdaily.dayoo.com/html/2009-06/24/content_611333.htm.

2. 英国

经过多年的积累和发展,英国已经建立了规模庞大的体育市场,据 NPD 发布的《2012 年全球体育市场研究报告》显示,2011 年英国体育市场排名居全球第 7 位,凭借着极为完备的市场体系,体育产业规模不断上升。英国体育产业基本形成了赛事表演业、体育休闲业、体育用品业、体育中介业等多业并举的发展格局。

(1) 赛事表演业成为主导产业。英国赛事在世界上拥有着悠久的历史传统,1860 年开始的英国高尔夫公开赛、1877 年举办的温布尔顿网球公开赛、1829 年创办的牛津剑桥划船比赛、1888 年建立的英国足球联赛、开始于 1950 年的 F1 锦标赛等都是各自领域现代历史上最早的比赛,经历了风雨的洗礼,成为享誉世界的重大国际赛事。支撑职业联赛的各体育俱乐部也都具有悠久的历史积淀,成立于 1855 年的谢菲尔德足球俱乐部,拥有 150 多年的历史,是世界上最古老的足球俱乐部,现征战于英国顶级联赛的 20 支俱乐部都经历上百年的传统沉淀。依靠雄厚的赛事基础,经过多年的精心培育,英国已经拥有了发达的赛事产业,形成了系统的赛事体系。数据显示,英超已经成为欧洲五大顶级足球联赛的引领者,2000~2001 赛季年度总收入高达 16 亿欧元(约 14 亿英镑),占欧洲顶级联赛总收入的 24%;[①] 2013 年英国著名球队曼联足球俱乐部总收入达到 3.63 亿英镑,营业额达到 1.46 亿英镑,赛事产业已经成为引领英国体育产业的主导产业。

(2) 体育休闲产业呈现上升态势。英国的体育休闲产业是一个高增长行业,1995 年体育休闲产业从业人数为 42.5 万人,产值达到 99.606 亿英镑,1998 年从业人数为 43.7 万人,产值达到 123.507 亿英镑,比 1995 年增长了 24.00%,2000 年从业人数进一步上升到 45 万人,产值占 GDP 的 1.8%;2012 年英国健身产业报告显示,2011 年 3 月至 2012 年 3 月,仅英国健身产业的总市场价值为 38.6 亿英镑,同比增长 1.4%。休闲产业是整

---

① 葛萌. 英超联赛的经营模式分析[J]. 体育产业信息, 2005 (2).

个体育产业链的根基，英国体育休闲产业的快速发展，大大拓展了体育产业的覆盖面，并且推动了体育产业的健康发展。

（3）体育用品业保持稳定增长。英国作为欧盟重要的体育用品制造和销售大国，一直保持着较平稳的发展。英国工商部公布数据显示："1995年，英国体育装备进出口总值是5.91亿英镑，其中进口3.90亿英镑，出口2.01亿英镑，贸易逆差达到1.89亿英镑"，这反映出英国是非常典型的体育用品消费型国家。而奠定这种格局的背后动因是英国国民对体育用品消费观念的不断进化，与20世纪80年代不同，当时的消费目的比较单一，而进入20世纪90年代以后，英国消费者更加关注健康、健身、时尚与生活方式，这对英国体育用品市场产生了重大影响，刺激了体育用品销售额的增加。全球信息有限公司研究报告显示，2004年英国体育用品销售总值达到50.16亿英镑，比2000年增长18.2%；尽管受到欧盟经济衰退狂潮的影响，但体育用品业整体仍保持相对平稳态势，欧盟体育用品产业联合会2012年的统计进一步显示，英国每年的人均体育用品消费额约为149欧元，每年的体育用品销售额已经达到90亿欧元（约74亿英镑）。

（4）体育中介业快速发展。由于英国较早出现的体育商业化和较快发展起来的职业体育产业，极大地刺激了体育经纪人的现实需求，英国成为真正意义上的现代体育经纪人发源之地。20世纪70年代后，随着英超联赛等职业制度的优化完善以及转会制度的进一步确立并趋向开放化，极大地推动了英国体育经纪业的发展，1971年英国体育经纪总额仅为250万英镑，而到了1990年，体育经纪总额已经达到2.1亿英镑，比1971年增长了84倍，1998年进一步达到3.47亿英镑。马尔科集团公司、菲利浦·格拉汉姆体育管理有限公司、PSM经纪公司等一大批优秀的体育经纪公司也不断涌现出来；八方环球公司（Octagon）已经成为世界最大的3家经纪公司之一，在全球服务遍及18个国家，服务对象包括500多个世界顶级企业和组织。目前英国已经成为欧洲体育经纪活动的中心，一直保持快速稳定的发展。

3. 德国

德国体育产业专家特罗希博士将德国体育市场分成体育联合会为俱乐部成员提供服务、政府对体育的支持和体育用品供应商、健身中心和博彩业。业界领先的市场研究公司 NPD 数据显示，2006 年德国体育市场排名世界第 3 位，2011 年虽然有所下滑，但排名依然进入前 5 位，市场表现稳健。德国能够保持相对稳定和强势的市场地位，是与其拥有相对成熟化的市场体系分不开的，也正是依托良好的市场助力，德国体育产业获得快速的发展。① 统计显示，1994 年德国私人用于体育消费上的金额已经达到 1300 亿马克，体育产业产值占国民生产总值的比例达到 1.25%，高于同期法国的 1.09%、意大利的 1.06%，体育产业成为国民经济新的增长点；2000 年，德国体育市场的价值已经达到 233 亿美元（约合 266 亿欧元），其中 36 亿美元来自非营利性组织、40 亿美元来自政府拨款、与体育有关的商业市场高达 157 亿美元。② 2008 年德国体育产业 GDP 的比重已经高达 1.99%，体育产业已经成为德国经济的支柱产业。

一是打造了顶级体育用品品牌。德国是一些国际知名品牌的发源地，包括 Adidas、Puma、Leki、Kettler 等大品牌。Adidas 已经成为全球体育用品业界的著名运动品牌，是欧洲第一、世界第二大的体育用品集团，公司在全球设有 80 多个分支机构，旗下 Adidas、Reebok 和 Taylor Made Adidas Golf 三大品牌的产品组合提供包括高尔夫球、足篮球、健身、训练、越野等系列的运动装备，根据 Adidas 集团年度报告显示，2010~2012 年集团业绩呈现加速发力态势，2012 年净销售额达到 148.83 亿欧元，同比增长 11.7%，税前利润增长 20.6%，经营利润增长 24.4%，股东净利 29.0%，各项指标表现良好。

二是搭建起顶级的品牌展示平台。德国拥有 800 多年的展览会历史，堪称"展览王国"，2011 年国内会展业营业额达到 28.5 亿欧元，会展数量

---

① 姜同仁，刘娜. 德国体育产业发展方式解析与启示 [J]. 体育研究，2015，32（2）：129-131.
② 侯海波. 德国体育市场现状 [J]. 体育产业信息，2002（1）：11-12.

为134场,参展商多达15.99万个。①慕尼黑国际体育用品博览会(ISPO)已经成为全球规模最大、影响力最强的体育用品展览品牌,每届都能吸引超过40个国家的顶级体育用品生产商,其规模化、国际化、专业化程度以及在世界体育用品综合性展览中的霸主地位,目前尚无任何一个业内展览能与之抗衡,已经成为引领全球体育用品流行时尚和最新产品与科技的重要舞台。

三是形成了顶级的赛事品牌产业。德国经过长期的积淀和发展,已经形成了具有世界影响力的职业赛事产业,德国足球联赛更是成为欧洲五大顶级足球联赛之一,2000~2001赛季以8700万欧元(约合8550万美元)的利润成为五大球市中唯一能够盈利的联赛。德国体育赛事产业依靠其极为惊人的品牌影响力,得到了众多企业的追捧和青睐,体育赞助达到极高水准。根据汉堡Pilot Group集团分析显示,德国的体育赞助费自2000年以来呈现高速增长态势,从15亿欧元增长到2004年的19亿欧元;2005~2006赛季,18支德甲俱乐部的赞助和广告收入达到3.605亿欧元,德乙为5720万欧元,总额高达4.177亿欧元的收入比5年前增长了82%。②2011~2012赛季有5家德甲俱乐部赞助费已经超过1000万欧元,呈现出良好的发展势头。

4. 意大利

意大利是世界彩票的故里,也是世界上最重视体育彩票业的国家。早在2000年意大利就已经拥有1.6万个足球彩票销售点和2.4万台足球彩票自动出售机,每期彩票业销售量约为5000万张,这一数据表明:平均每个意大利人每期都要购买1张体育彩票。2007年欧盟《体育白皮书》显示:2004年欧盟各国创造的体育产业增加值达到4070亿欧元,占欧盟当年GDP的3.7%,体育产业从业人数为1500万人,占欧盟当年总就业人数的比例为5.4%。③

---

① 史世伟,陈建平. 德国经济数字地图(2012~2013)[M]. 北京:科学出版社,2013.
② 侯海波. 德国体育赞助市场新动态[J]. 体育产业信息,2007(9):9-10.
③ 齐星,杨小帆. 国外体育产业发展概况[J]. 当代体育科技,2014,4(11):166.

5. 日本

日本的优势体育产业是体育赞助业。1996年，日本体育赞助总金额为22亿美元，约为英国和意大利的两倍，仅次于美国，占当年全球体育赞助市场13.3%的份额。2001年达到400亿美元。随后的2003年，日本体育产业产值达到833.80亿美元，占GDP比重为1.9%。2008年体育产业所占GDP比重达到2.54%。

6. 澳大利亚

澳大利亚被誉为"体育运动的天堂"，盛行的运动项目繁多，人们休闲、娱乐的热情高涨，在这个仅有2000万人口的国家里，有90%的人经常参加体育运动或休闲旅游。1997年该国的体育产业总值就达到了80亿美元。2004~2005年澳大利亚仅体育俱乐部和职业体育的相关收入就达到19亿美元。加拿大以冰球运动闻名于世，其体育人口约占总人口的50%。1995年该国体育产业总产值达到88.58亿美元，占GDP比重为1%。近几年体育用品市场发展比较迅速，规模约为60亿美元。

第二节 我国体育产业的产生和发展

一、我国体育产业的产生和发展阶段

（一）体育产业初露端倪期（1978~1992年）

这一时期是在中国进入改革开放后，逐步从计划经济向市场经济转化，推动产业经济从无到有的端倪期。1984年10月5日，中共中央公布《关于进一步发展体育运动的通知》指出：体育场馆要改善管理，提高使用率，成为开展群体活动和培训体育人才的基础；同时，要讲究经济效益，积极创造条件实行多种经营，逐步转变为企业、半企业性质的单位。工商业部门要会同体育部门做好体育器材和专用设备的研制、生产和供

应。1986年4月15日，原国家体委公布《关于体育体制改革的决定（草案）》。首次提到了体育体制改革，指出：改善体育领导体制，切实发挥体委对体育事业的领导、协调、监督作用；要充分发挥体育总会和各种体育协会、运动协会的作用。1989年李宁加盟广东健力宝集团，创立了"李宁"体育用品品牌，赞助1990年北京亚运会，开创了中国体育用品品牌经营的先河。至此体育产业经济进入"体育场馆多种经营、运动队与企业结合、体育用品逐步进入市场"的体育产业初步尝试阶段。

（二）体育产业模式探索期（1992~2000年）

我国于1992年正式确立社会主义市场经济，国家的政策直接引领着各个方面的走向，由此揭开了社会主义市场经济下的体育模式探索期。1993年5月24日，原国家体委发布《关于深化体育改革的意见》。1995年6月，国家体育总局制定1995~2010年的《体育产业发展纲要》。由此把这一阶段的体育产业发展定格在国家用行政职能建立社会主义市场经济体制下的体育产业模式，注重"以体育健身娱乐业、体育竞赛表演业为主，以体育相关产业、体办产业为辅"的产业模式探索。从2000~2002年广东、浙江、北京、辽宁、安徽、四川、云南七省市对体育产业统计的汇总结果看，我国体育产业的主要经济指标在经济发达地区和体育运动水平较高地区的国民经济体系中，已经发挥了比较重要的作用。

（三）体育产业发展机遇期（2001~2009年）

恰逢新世纪开元之际和体育改革初见成效之时，北京奥运会的申办成功迅速推动体育产业的前进步伐。也是由于国家和大众的共识，带来了这一时期的发展机遇。并且在悉尼奥运会、雅典奥运会，我国金牌数量都跻身前3位，体育领域的有识之士认清了这一阶段千载难逢的机会，加入体育竞赛表演、健身娱乐、体育培训、用品制造体育场馆运营等体育产业市场，出现了体系化、规范化的景象。2006年7月，国家体育总局颁布了《体育事业"十一五"规划》。2008年中国体育及相关产业从业人员约

317.09 万人，实现增加值 1554.97 亿元，占当年 GDP 的 0.52%。① 而 1998 年中国体育表演市场不足 10 亿元，包括体育赛事赞助及体育赛事转播、体育经纪等体育服务业的市场规模小，整体的体育产业的产值少。

（四）体育产业拓展优化期（2010 年至今）

2010 年 3 月 9 日，国务院办公厅公布《关于加快发展体育产业的指导意见》，提出主要目标：到 2020 年，培育一批具有国际竞争力的体育骨干企业和企业集团，形成一批有中国特色和国际影响力的体育产品品牌；建立以体育服务业为重点、门类齐全、结构合理的体育产业体系和规范有序、繁荣发展的体育市场。坚持政企分开、政事分开、政社分开、盈利性与非盈利性分开原则，充分发挥市场在体育资源配置中的基础性作用。在这一政策的内容中可以看出，进入 2010 年，我国的体育产业指导有所转变，围绕市场的调配，根据我国体育产业"从无到有、从有到快、从快到多"，转向拓展优化。第 28 届体博会上海推介会表示 2010 年中国体育产业产值将突破 2000 亿元，占据 GDP 超过 0.5%，这一时期正好符合当前我国体育产业亟待解决的快速发展。

二、我国体育产业发展现状

2014 年，我国体育产业总规模达到 13574 亿元，产业结构持续优化，产业体系日趋健全，产业政策不断完善，与文化、旅游、医疗、养老、互联网等领域的互动融合日益加深。② 我国体育产业进入快速发展阶段，逐渐形成以体育竞赛表演活动为前导，以体育健身休闲活动为基础，以体育用品及相关产品制造，体育用品及相关产品销售、贸易代理与出租，体育传媒与信息服务，体育中介服务，体育培训与教育，体育场馆服务，体育场地设施建设，其他与体育相关服务等为补充的体育产业体系。据统计，

---

① 国家体育总局官方网站，http://www.sport.gov.cn/n16/n1077/n1467/n1513017/n1514290/1517921.html.
② 中华网，http://sports.china.com/sportsnews/basketball/sports/zh/11152422/20160505/22586881_all.html#page_13.

我国体育产业信息网站运营模式研究

2009年国内从事健身娱乐业、竞赛表演业、技术培训业的体育企业、体育产业经营性机构2万多家，总投资额已超过2000亿元，年营业额超过600亿元。另外，每年各地举办的商业性竞赛和表演约300~500次，营业额约8000万元①。研究结果显示，未来我国体育用品及相关产品制造，体育用品及相关产品销售、贸易代理与出租每年的增速不会低于20%，而体育产业的增速将不会低于15%，体育产业进入了快速增长期。

（一）体育竞赛表演活动

以职业化、社会化为特征的项目俱乐部相继建立。我国自1992年开始推动部分运动项目职业化，各项目的职业体育俱乐部数量突飞猛进，截至2013年，我国四大职业联赛所辖的职业体育俱乐部有400多家。体育竞赛表演活动的主要输出对象是职业体育俱乐部，因为职业化、社会化的项目俱乐部不断增加，使得职业球员和联赛参赛队伍的数量也随之迅速增长。

体育竞赛表演市场体系正逐步形成。受社会经济发展要求，门票、广告、电视转播权、运动员转会等的收入渠道已经形成或正在开辟之中。门票市场、广告商的巨额投资，体育媒体的飞速发展，运动员日益倍增的转会费等都是促进体育竞赛表演活动市场体系形成的核心主力。

体育竞赛表演活动政策利好，2014年，《体育总局关于推进体育赛事审批制度改革的若干意见》发布，取消商业性、群众性体育赛事的审批权，为体育竞赛表演活动的大力发展提供政策支持，使得体育竞赛表演活动的市场更加繁荣。

以三大球和乒乓球构成的中国四大职业联赛稳步发展。足球职业联赛自1994年至今已有22年的时间，篮球职业联赛自1995年至今也有20多年的光景，排球、乒乓球也都经历了十几年的发展。四大职业联赛在俱乐部管理、联赛整体开发及裁判员的监控等方面逐步完善与提高，呈稳步发

---

① 侯光辉，陈岚，李明德.略论体育产业在国民经济中的重要地位［J］.成都大学学报（社科版），2009（5）：7.

展状态。

观赏性消费群体在不断扩大。体育竞赛表演活动的市场规模，其一要看职业球员与联赛参赛队伍的数量多少与技术水平的高低，其二要看消费群体的市场需求。以足球职业联赛为例，自 1994 年至今，据不完全统计，中国球迷人数已高达 2 亿多人，联赛的上座率达 90% 以上。除去联赛外，各类商业性赛事的观众也不在少数，尤其是热点赛事，如"中国龙之队"与皇家马德里队足球友谊赛、"中巴足球对抗赛"等上座率基本达到 100%。大众在工作之余，对体育赛事的热爱程度不断增加，随之消费群体与日俱增。

（二）体育健身休闲活动

近年来，我国体育健身休闲活动发展速度相当惊人，《2009~2013 年中国健身市场运行走势与投资预测咨询报告》提供的数据表明：2006 年我国体育健身俱乐部为 1719 家，2007 年为 2500 家，2007 年比 2006 年增长了 45.43%，2008 年则达到了 3400 家，比 2006 年增长了 97.79%，比 2007 年增长了 36.00%。上海市体育局群体处提供的数据表明：1997 年上海的营业性健身休闲体育项目只有 698 个，2001 年为 3279 个，到 2008 年则达到了 6000 个左右，10 年间增长了近 8 倍。① 2009 年北京市体育健身休闲活动领域实现增加值 12.8 亿元，比 2000 年增长 6.9%。

随着社会主义市场经济体制的确立以及体育产业化的发展，我国体育投融资的结构与体制也发生了根本性的变化。原来完全依靠国家财政拨款的投融资体制开始向多元化方向发展，特别是各种民营资本开始进入体育市场，开展以体育健身服务为主要内容的经营活动，从而使我国体育健身休闲活动的所有制结构发生了显著的变化。据调查，在上海体育健身休闲活动的经营单位属于国有的仅占 47.37%，而属于集体、个体私营、中外合资、外商独资及其他各种民营资本的却占 52.63%。② 截至 2003 年底，甘

---

① 钟天朗.体育经营管理——理论与实务（第二版）[M].上海：复旦大学出版社，2010.
② 钟天朗等.上海市全民健身服务业现状及对策研究 [J].中国体育科技，2004，40（4）：5-8.

肃省共有不同所有制健身服务业经营单位3965个,其中个体民营经济投资兴建的全民健身服务业单位为1054个,占36%。① 浙江省体育健身休闲场所的投资资金以内资为主的占93.33%,外资占6.67%。② 随着我国社会经济的发展,人们收入水平的提高,体育消费意识的增强,体育健身休闲消费已经成为现代社会居民生活消费的重要组成部分。2009年,北京城镇居民人均健身活动支出达到73元,比上年增长30.4%。③ 根据对上海市民体育消费现状与特点调研的结果显示:2008年,上海市民体育健身休闲活动的参与者占被调查者总样本人数的32.56%,人均参与体育健身休闲的消费支出为308.10元,在整个体育消费支出中排第2位。此外,在参与型体育消费者中间,占94.64%的被调查者参与过体育健身消费。目前,国内体育健身休闲活动日益呈现国际化的趋势,运作的内容丰富多彩,健身休闲服务项目种类齐全,特别是大众喜闻乐见且参与度较高的羽毛球、乒乓球、篮球、游泳等体育健身休闲项目发展较快。

(三)体育用品业

近几年来,我国体育用品行业迅猛发展,本土体育品牌相关消费也日渐增多。相关调查显示,体育用品的消费支出成为全国居民日常基本生活消费之外的重要消费支出。我国体育用品产业规模不断扩大,据中国体育用品联合会统计,2012年我国体育用品行业增加值达到2087亿元,同比增长7.8%,占GDP的比重为0.367%。④

从地域分布看,20世纪90年代以来,我国体育用品生产主要集中在北京、天津、上海、福建、广东等地,福建和广东地区更是生产厂家密集。我国体育用品企业数量也不断增加,据统计,目前已超过400万家,

---

① 王世哲,何步文.甘肃省健身娱乐市场现状的调查比较分析[J].河北体育学院学报,2006,20(2):7-14.
② 王乔君,于波.浙江省体育健身娱乐业供需结构问题研究[J].宁波大学学报(人文科学版),2008,21(5):103-104.
③ 金汕等.北京体育产业发展现状与对策研究——基于体育竞赛表演业和体育健身休闲业的视角[J].城市观察,2010(6):69-72.
④ 中研网,http://www.chinairn.com/news/20140513/122834532.shtml.

创造出了我国的体育用品行业的繁荣景象,同时也催生了国内自主体育用品企业之间的竞争。我国体育用品行业经过几十年的发展,已经涌现出一批成熟民族品牌,这些品牌具备独立研发、设计、采购、生产、物流和销售多位一体的功能。目前,中国动向、李宁、安踏、特步、361°、匹克等体育用品企业已经成功上市,极大地提升了民族体育品牌的竞争力。

2009年,世界金融危机的猛烈冲击,对世界金融业格局产生了重大影响,中国体育用品行业在激烈动荡中也迎来发展契机。在中央拉动内需的政策导向下,中国体育用品企业迅速调整营销策略,立足本国,注重开发国内市场,扩大销售网络,有效控制生产成本,经过不懈努力,成功地打破了以耐克、阿迪达斯等国外品牌为代表垄断国内主流市场的格局,国内体育品牌正迅速崛起。2016年3月,李宁公司发布的2015年财报显示,全年收入达70.89亿元,较2014年上升17%,净利润达1400万元,实现扭亏为盈。据安踏公司发布的2015年业绩公告,安踏公司收益同比增长24.7%,达111.26亿元,创历史新高,成为第一个进入"百亿俱乐部"的中国体育用品企业,并且宣布运动鞋销量超过耐克公司。① 2015年匹克公司全年营业额为31.1亿元,较2014年增长9.4%,毛利同比增长11.4%,达12.0亿元,毛利率为38.7%,净利润率由2014年的11.3%上升至12.6%。②

同时,我国体育用品企业在经营理念上逐渐向集约化运营转型,注重自主创新,不断加强技术研发。在当前互联网时代下,我国体育用品企业逐步开发电商渠道,产品设计趋于智能化,在设计、生产、管理、销售等方面不断加强信息化和工业化的融合。

(四)体育场馆服务

根据《第六次全国体育场地普查数据公报》,截至2013年12月31日,全国共有体育场地169.46万个,场地面积为19.92亿平方米,平均每万人

---

① 财经网,http://industry.caijing.com.cn/20160225/4074737.shtml.
② 今日头条,http://toutiao.com/i6260321450595451393/.

拥有体育场地12.45个,人均体育场地面积为1.46平方米。① 我国体育场馆数量不断增多,为体育场馆服务业提供了硬件基础,我国体育场馆服务业已经初具规模。据调查,全国242家大中型体育场馆2010年收入为9.1亿元,较2009年增长7.31%,2012年体育场馆服务业增加值为54.6亿元,从业人员为2.66万人。同时,我国体育场馆服务业从业机构逐步从行政事业单位转变为企业化运营机构,从业机构的经营范围逐渐丰富,包括体育赛事及活动举办、文艺演出、房屋租赁、会展、餐饮娱乐、体育培训、器械出租、体质测试等,因此各从业机构的盈余也不断增加。另外,我国体育场馆服务业已经形成服务外包的趋势,逐渐将票务、广告、附属设施开发等工作外包至专业机构,将安保、餐饮、清洁等工作委托至物业公司。我国体育场馆服务业逐渐形成以场馆内容运营和无形资产开发为主,以其他盈利性活动为辅的运营发展趋势。

三、我国体育产业发展相关政策

1992年6月16日,《中共中央、国务院关于加快发展第三产业的决定》发布,体育被列入第三产业,这是我国第一次正式提出发展体育产业的重要决定,进一步明确了体育的产业属性。②

1993年5月24日,原国家体委发布《国家体委关于培育体育市场、加速体育产业化进程的意见》,提出培育和发展体育市场是实现体育产业化的根本途径:大力开拓体育健身娱乐市场;积极开发体育竞赛表演市场;加快培育体育训练服务市场;积极扩大体育技术信息市场、体育服务器市场和其他各类市场。③

1993年6月24日,原国家体委发布了《国家体委关于深化体育改革的意见》,明确提出:根据建立社会主义市场经济体制和发展体育事业的需

---

① 国家体育总局官方网站,http://www.sport.gov.cn/n16/n1077/n1467/n3895927/n4119307/7153937.html.
② 新华网,http://news.xinhuanet.com/ziliao/2005-02/17/content_2586400.htm.
③ 法律快车网,http://law.lawtime.cn/d643838648932.html.

求，要加快体育产业化进程，力争在20世纪末基本形成门类齐全的体育市场体系和多种所有制并存的社会化体育产业体系。①

1994年5月9日，原国家体委发布了《国家体委关于加强体育市场管理的通知》，规范了体育市场的行业管理，并明确提出从事体育经营活动所必须具备的条件。

1995年6月16日，原国家体委发布了《体育产业发展纲要（1995~2010)》，提出了发展体育产业的基本政策：充分调动各方面的积极性，发展体育产业；积极培育体育健身娱乐市场；大力发展体育竞赛表演市场；培育和发展体育的人才、技术信息等要素市场；扶持体育用品的生产和经营，发展体育相关产业；因地制宜地开展体育系统的多种经营活动；制定和完善体育事业经济政策，为体育产业的发展提供必要的政策支持。并提出发展体育产业的基本措施：加快体育单项运动协会的产业化发展；坚持"以体为本，多种经营"的方针，坚持社会效益与经济效益相结合；加强对体育无形资产的经营开发；加强体育彩票的管理和发展；加强对各类体育基金的管理；加快体育市场的立法进程，推动体育产业健康、有序、规范地发展；大力培养体育经营管理人才，加强体育产业队伍的建设；进一步加强对体育产业工作的领导。②

1996年7月1日，国家体委发布了《关于进一步加强体育经营活动管理的通知》，进一步鼓励和正确引导体育经营活动的开展，培育和繁荣体育市场。③

2000年12月15日，国家体育总局发布了《2001~2010年体育改革与发展纲要》，提出了"体育产业初具规模"的主要目标和"以体为本，全面发展"的基本战略，同时提出加快发展体育产业引导全民体育消费：加强体育产业发展的规划和政策引导；发展多种所有制形式的体育产业；促

---

① 法律教育网，http://www.chinalawedu.com/falvfagui/fg22598/26300.shtml.
② 体博网，http://www.chinaispo.com.cn/index.php/news/regulations/33359_1.html.
③ 国家体育总局官方网站，http://www.sport.gov.cn/n16/n1092/n16879/n17351/1445809.html.

进体育产业的规模发展；积极培育和依法管理体育市场；加强对国有资产的管理和无形资产的开发；重视体育产业队伍建设。

2001年3月15日，《中华人民共和国国民经济和社会发展第十个五年计划纲要》发布，明确指出要开发健康有益大众化的娱乐健身项目，发展文化与体育产业。①

2003年，《中共中央关于完善社会主义市场经济体制若干问题的决定》中提出"深化体育改革、促进体育产业的健康发展"。2003年，国家颁布了《关于第29届奥运会税收政策问题的通知》，明确了若干税收优惠政策。

2004年，《国家发展和改革委员会关于贯彻落实党的十六届三中全会〈决定〉精神 推进2004年经济体制改革的意见》，提出将"深化体育改革，促进体育产业健康发展"列为2004年的经济体制改革的重点工作。

国务院于2005年发布了《产业结构调整指导目录（2005年本）》，在鼓励发展的其他服务业类别中，将"体育设施建设及产业化运营"列入其中。

2006年，在《中华人民共和国国民经济和社会发展第十一个五年规划纲要》中，专门提出要深化体育改革，在兴办体育事业和投资体育产业方面鼓励社会力量积极参与，从而有效推动体育产业发展。2006年，《体育产业"十一五"规划》明确提出了体育产业发展的指导原则和目标，提出了要进一步完善体育产业政策，加强对体育产业的指导与服务。我国以五年规划的形式对体育产业发展进行总体性的指导尚属首次，这也进一步促进了我国体育产业政策的正规化。

2008年7月28日，国家统计局、国家体育总局共同发布了《体育及相关产业分类（试行）》，将体育及相关产业划分为：体育组织管理活动；体育场馆管理活动；体育健身休闲活动；体育中介活动；其他体育活动；体育用品、服装、鞋帽及相关体育产品的制造；体育用品、服装、鞋帽及相关体育产品的销售；体育场馆建筑活动。②

---

① 中国人大网，http://www.npc.gov.cn/wxzl/gongbao/2001-03/19/content_5134505.htm.
② 国家体育总局，http://www.sport.gov.cn/n16/n33193/n33208/n33448/n33793/761065.html.

2009年《全民健身条例》颁布，国家进一步重视了体育消费和体育产业的发展。①

2010年3月19日，国务院办公厅发布了《国务院办公厅关于加快发展体育产业的指导意见》（以下简称《意见》），这是中国第一份在国家层面上对中国体育产业进行规划梳理并提出目标任务的政策性指导意见，将体育产业提升为国家战略性产业，提高了体育产业的社会化水平，为我国体育产业发展注入了前所未有的活力。《意见》提出了主要目标：到2020年，培育一批具有国际竞争力的体育骨干企业和企业集团，形成一批有中国特色和国际影响力的体育产品品牌；建立以体育服务业为重点，门类齐全、结构合理的体育产业体系和规范有序、繁荣发展的体育市场；形成多种所有制并存，各种经济成分竞相参与、共同兴办体育产业的格局；形成与国际接轨、管理规范、充满生机活力的体育社会组织体系；居民人均体育消费显著增加，体育服务贸易较快发展，体育产业从业人数占全社会就业人数比例明显提高，体育产业增加值在国内生产总值中所占比重明显提高；形成体育公共服务与市场服务相互结合、体育事业与体育产业协调发展的良好局面。《意见》明确了主要目标：大力发展体育健身市场；努力开发体育竞赛和体育表演市场；积极培育体育中介市场；做大做强体育用品业；大力促进体育服务贸易；协调推进体育产业与相关产业互动发展。《意见》还提出了主要政策和措施：加大投融资支持力度；完善税费优惠政策；加强公共体育设施建设和管理；支持和规范职业体育发展；加强体育无形资产开发保护；加快体育市场法制化、规范化建设；加快体育产业管理人才培养。②

2011年4月29日，国家体育总局发布了《体育产业"十二五"规划》（以下简称《规划》），这是我国体育产业第一个五年规划。《规划》明确了发展目标：进一步完善体育产业扶持政策，建立体育产业发展政策体系；

---

① 高巍. 完善我国体育产业政策体系研究 [D]. 长春：东北师范大学博士学位论文，2014.
② 中国政府网，http://www.gov.cn/zwgk/2010-03/24/content_1563447.htm.

我国体育产业信息网站运营模式研究

继续保持体育产业快速发展,增加值以平均每年15%以上的速度增长,到"十二五"末期,体育产业增加值超过4000亿元,占国内生产总值的比重超过0.7%,从业人员超过400万人,体育产业成为国民经济的重要增长点之一;创建一批充满活力的体育产业基地,培育一批有竞争力的体育骨干企业,打造一批有中国特色和国际影响力的体育产品品牌;不断完善多种所有制并存、各种经济成分竞相参与、共同兴办体育产业的格局;优化体育产业结构,提高体育服务业的比重,加快区域体育产业协调发展;基本建成规范有序、繁荣发展的体育市场,促进体育相关产业发展,壮大体育产业整体规模,增强我国体育产业的整体实力,建立具有中国特色的体育产业体系。《规划》提出了主要任务:促进体育产业各门类统筹发展;优化体育产业结构,壮大体育消费市场;加快区域体育产业协调发展;推动体育产业基地建设;促进体育产业与相关产业的互动发展;培育骨干体育企业;推动体育服务贸易发展;推进体育产业基础工作;盘活体育场馆资源;做好体育彩票管理工作。并提出了主要措施:进一步转变政府职能,加快培育体育市场主体;加快体育市场法制化、规范化建设;加大体育产业投融资支持力度;落实相关税费优惠政策;创新体育场馆运营机制;支持和规范职业体育发展;加快实施品牌战略;加强体育无形资产开发和保护;抓好体育产业人才培养工作;加强对体育产业工作的领导。①

2013年9月28日,国务院发布了《国务院关于促进健康服务业发展的若干意见》,明确提出要引导体育健身消费,加强基层多功能群众健身设施建设,到2020年,80%以上的市(地)、县(市、区)建有全民健身活动中心,70%以上的街道(乡镇)、社区(行政村)建有便捷、实用的体育健身设施。采取措施推动体育场馆、学校体育设施等向社会开放;支持和引导社会力量参与体育场馆的建设和运营管理;鼓励发展多种形式的体育健身俱乐部和体育健身组织,以及运动健身培训、健身指导咨询等服务。大力支持青少年、儿童体育健身,鼓励发展适合其成长特点的体育健

---

① 中国政府网,http://www.gov.cn/gzdt/2011-05/16/content_1864566.htm.

身服务。鼓励发展体育旅游。①

2014年3月14日，国务院发布了《国务院关于推进文化创意和设计服务与相关产业融合发展的若干意见》，明确提出要拓展体育产业发展空间。积极培育体育健身市场，引导大众体育消费。丰富传统节庆活动内容，支持地方根据当地自然人文资源特色举办体育活动，策划打造影响力大、参与度高的精品赛事，推动体育竞赛表演业全面发展。鼓励发展体育服务组织，以赛事组织、场馆运营、技术培训、信息咨询、中介服务、体育保险等为重点，逐步扩大体育服务规模。推动与体育赛事相关版权的开发与保护，进一步放宽国内赛事转播权的市场竞争范围，探索、建立与体育赛事相关的版权交易平台。加强体育产品品牌建设，开发科技含量高、拥有自主知识产权的体育产品，提升市场竞争力。促进体育衍生品创意和设计开发，推进相关产业发展。②

2014年10月2日，国务院发布了《国务院关于加快发展体育产业 促进体育消费的若干意见》（以下简称《意见》），进一步推进了体育产业的市场化进程，指出要优化产业布局和结构，大力发展体育服务业，挖掘体育产业潜力，培育消费热点，改善中国体育产业的发展结构。《意见》指出发展目标：到2025年，基本建立布局合理、功能完善、门类齐全的体育产业体系，体育产品和服务更加丰富，市场机制不断完善，消费需求愈加旺盛，对其他产业带动作用明显提升，体育产业总规模超过5万亿元，成为推动经济社会持续发展的重要力量。《意见》明确了主要任务：创新体制机制（进一步转变政府职能，推进职业体育改革，创新体育场馆运营机制）；培育多元主体（鼓励社会力量参与，引导体育企业做强做精）；改善产业布局和结构（优化产业布局，改善产业结构，抓好潜力产业）；促进融合发展（积极拓展业态，促进康体结合，鼓励交互融通）；丰富市场供给（完善体育设施，发展健身休闲项目，丰富体育赛事活动）；营造健身氛围

---

① 中国政府网，http://www.gov.cn/xxgk/pub/govpublic/mrlm/201310/t20131018_66502.html.
② 中国政府网，http://www.gov.cn/zhengce/content/2014-03/14/content_8713.htm.

(鼓励日常健身活动,推动场馆设施开放利用,加强体育文化宣传)。①

2015年3月8日,国务院办公厅发布了《中国足球改革发展总体方案》(以下简称《方案》),从国家层面明确了足球的战略意义,支持职业足球的快速有序发展,加强足球产业开发,加大足球市场开发力度和建立足球赛事电视转播权市场竞争机制,突出足球的产业属性。②《方案》明确提出要调整改革中国足球协会、改革完善职业足球俱乐部建设和运营模式、改进完善足球竞赛体系和职业联赛体制、改革推进校园足球发展、普及发展社会足球、改进足球专业人才培养发展方式、推进国家足球队改革发展、加强足球场地建设管理、完善投入机制、加强对足球工作的领导,③为我国足球发展提供政策保障,加速了我国足球产业化进程。

2015年9月6日,国家统计局、国家体育总局共同发布了《国家体育产业统计分类》,体育产业统计被正式纳入国家统计分类体系中,将体育产业范围确定为体育管理活动,体育竞赛表演活动,体育健身休闲活动,体育场馆服务,体育中介服务,体育培训与教育,体育传媒与信息服务,其他与体育相关服务,体育用品及相关产品制造,体育用品及相关产品销售、贸易代理与出租,体育场地设施建设十一大类。④并且将互联网体育服务纳入其中,强调体育产业与其他产业的融合性。

2016年5月6日,国家体育总局发布了《体育发展"十三五"规划》(以下简称《规划》),提出主要目标:体育产业规模和质量不断提升,体育消费水平明显提高。到2020年,全国体育产业总规模超过3万亿元,体育产业增加值的年均增长速度明显快于同期经济增长速度,在国内生产总值中的比重达到1%,体育服务业增加值占比超过30%。体育消费额占人均居民可支配收入比例超过2.5%。⑤《规划》节选内容见本书附录三。

---

① 中国政府网,http://www.gov.cn/zhengce/content/2014-10/20/content_9152.htm.
② 新华网,http://news.xinhuanet.com/fortune/2015-03/16/c_1114653929.htm.
③ 中国政府网,http://www.gov.cn/zhengce/content/2015-03/16/content_9537.htm.
④ 国家体育总局官方网站,http://www.sport.gov.cn/n16/n1077/n1422/7013666.html.
⑤ 新华网,http://news.xinhuanet.com/sports/2016-05/05/c_128960270.htm.

第四章 体育与互联网的融合发展

体育产业不断发展，互联网作为一种驱动力，为体育产业正在创造新的价值，互联网体育已经成为体育产业发展新的价值增长点，并且呈现用户偏好选择和政策典型支持的趋势。据艾瑞咨询发布的《2015年中国"互联网+体育"报告》，PC端互联网体育月度平均覆盖人数超2.7亿人，人均月浏览时长52.8分钟，PC互联网体育用户渗透率达30%，体育APP用户渗透率达26%，互联网体育用户群体成规模增长，未来发展空间极大。[①]《2015年中国"互联网+体育"报告》节选内容见本书附录四。据艾媒咨询发布的《2015年中国"互联网+体育"研究报告》，2015年中国互联网体育用户达到2.8亿人，2016年中国互联网体育用户规模达到3.8亿人，在体育类互联网产品中，赛事直播平台、线上运动教学指导平台以及预约场地平台的网民使用率最高，分别为48.3%、20.0%、20.8%。同时，将"互联网+体育"定义为：体育人群通过互联网实现体育信息获取、观看、购买、分享、社交等活动。[②] 根据2015年国家统计局、国家体育总局新推出的《国家体育产业统计分类》，新增了"体育传媒与信息服务"体育产业大类，并将"互联网体育服务"划入其中："仅包括互联网体育信息采集、传输、存储、分析、处理与传播等服务，体育网络平台服务，体育动漫游戏及电子竞技服务，体育APP应用，互联网与体育其他业态的融合发展服务"。[③] 2015年11月，"互联网+体育中国会"创立，"互联网+体育中国

---

① 知识库，http://www.useit.com.cn/thread-9856-1-1.html。
② 艾媒网，http://www.iimedia.cn/39830.html。
③ 国家体育总局官方网站，http://www.sport.gov.cn/n16/n1077/n1422/7013666.html。

会"是由达晨创投与维宁体育两家机构首倡发起,由万达体育、阿里体育、腾讯体育、智美体育、乐视体育、中体产业、泰山体育、体坛传媒、体育之窗、探路者、恒大体育、新浪体育、华录百纳、PPTV体育、好家庭体育、英派斯体育、上海体育产业投资集团、京张冬奥研究中心、北京大学国家战略传播研究院、北京体育大学冬奥会研究中心20家机构联合发起。[①]

本书认为,"互联网+体育"主要是指互联网与体育整体的行业整合与产业融合,侧重融合发展;"互联网体育"主要指将互联网技术等内容应用到体育领域,侧重互联网对体育发展的促进作用;"体育互联网"主要指体育领域应用或者借助互联网以利于体育发展,侧重体育本身的发展。目前,体育与互联网有如下融合发展的趋势。

(一)产品销售进入电商模式

互联网时代的到来,体育实体产品企业也在不断拓宽销售渠道,逐渐进入电商模式。体育器材及配件、防护用具、运动服装及鞋帽、运动鞋等均进驻天猫、京东等各综合电商平台,并开设旗舰店。我国大部分大型体育实体产品企业在其官方网站自主搭建了网上销售端口,如李宁公司在其官方网站搭建线上商城(www.store.lining.com),线上售卖李宁公司所有产品。体育垂直电商,即进行体育产品售卖的体育领域的专门电商,也不断涌现,目前包括B2C模式、B2B模式、O2O模式等。又如优个网(www.yoger.com.cn)最初是纯线上B2C模式,专注于体育用品B2C垂直领域,产品涉及羽毛球、乒乓球、跑步、篮球、足球、滑雪、网球、户外运动等运动项目,2015年开始开设线下直营店,向线上线下相结合的O2O垂直模式布局;再如B2B模式的体博网(www.chinaispo.com.cn)主要是为体育产业相关企业提供服务,涉及体育用品、器材、场馆设施、户外、水上、冰雪、游乐休闲等领域,同时也专门开设政府、事业单位招中标频道。终端消费者越来越倾向通过网络购买体育实体产品,电商渠道销售总收入占

---

① 新华网,http://news.xinhuanet.com/sports/2015-11-29/c_128480284.htm.

比不断提高，体育实体产品企业更加重视电商渠道。如李宁公司2015年总收入较2014年上升17.2%，实现扭亏为盈，其电商业务2015年总收入占比达8%，并且将开展电商模式作为未来几年的工作重点；匹克公司2015年营业额达31.1亿元，未来将注重电商渠道，不断完善团购官网的运营；安踏公司2015年收益达111.26亿元，盈利增长20%至20.4亿元，电商业务收入的增长最快速，安踏公司希望电商业务收入最终能占整体收入的20%。同时，借助电商模式，体育实体产品企业也更加注重产品服务，运行方式逐渐从产品拉动转向服务推动，更加体现了体育产业的第三产业服务属性。

（二）产品设计布局智能硬件

互联网不仅拓宽了体育产品销售渠道，也引领了体育产品智能化的潮流，智能运动的时代已经到来。各体育实体产品制造商不断将智能元素添加到产品设计当中，均取得了不错的市场反馈。如李宁公司与华米科技合作研发智能跑鞋，将中国跑步者数据和专业测试数据转化为一种算法实现在鞋底智能芯片中；李宁公司与简极科技公司合作推出"李宁-WiCore智能足球"，具有轨迹跟踪、数据分析和在线互动三大功能。再如361°公司与百度合作成立大数据创新实验室，共同研发数字智能产品，并推出了基于安全领域的智能童鞋；361°公司与乐视体育在智能运动装备达成战略合作，共同打造智能运动生态系统等。体育智能硬件也悄然兴起，不断尝试将获得的数据和流量进行变现，无人机、可穿戴设备、机器人等已经改变了传统的工作和生活方式，广受大众欢迎，如小米公司推出的可监测运动量的小米手环，成为中国最畅销的智能手环。2015年第一季度，小米手环出货量达到280万件，占全球可穿戴设备市场24.6%的份额，全球排名第二位。[①] 虎扑体育与百米公司共同打造的智慧体育馆，以免费WiFi为入口，实现利用互联网科技、软硬件集成的体育场地升级解决方案，可以应用于篮球、足球、网球、羽毛球等场地，能让普通比赛也获得NBA、欧冠

---

① 机锋网，http://www.gfan.com/peijian/2015060470747.html.

级别的直播和视频剪辑服务，能让普通体育爱好者也获得如球星般的专业集锦体验，通过摄像头对运动员的技术动作、跑位等影像进行捕捉，实现场内屏幕直播和场外网络直播，并提供录像回看和下载功能，2015年7月已覆盖全国41个城市3000多家场馆。① 体育智能硬件也受到了大量投资者的青睐，如Livall智能骑行闪盔在产品未上市时就已获得东方富海移动创新基金和沃夫德尔科技共计2000万元的首轮融资。智能运动时代下，体育产品走向智能化，拓展更大范围的用户群体，第三方服务与智能硬件的联系更为紧密，形成更大规模的产业链。

（三）移动互联软件广泛应用

体育类移动互联软件被广泛应用，以各类APP为主要产品。互联网催生了大数据时代，数据价值化的观念已经被认可，软件开发商不断推出健身类、跑步类、直播类、新闻类、场地预订类、游戏类等多样的体育类APP，意在应用数据、流量并通过广告等方式将数据、流量变现。体育类APP大量涌现，各iOS、Android软件应用商店中体育类APP数量不断增多，并且广受好评。健身类APP通常具有监测运动量、制订运动计划、教学、社交等功能，如Fitness Buddy免费版为用户提供超过300个肌肉练习的详细说明及动画演示，付费版增加了1400多种肌肉练习的高清视频、身体指标跟踪等功能。跑步类APP通常具有监测运动量、制订运动计划、社交、赛事或活动报名等功能，如悦跑圈除常规功能外主要打造跑步者社区，并且开创了线上马拉松，单场参与人数高达30万。直播类APP主要具有直播体育赛事及相关活动的功能，如乐视体育APP提供足球、篮球、高尔夫、网球等17个大项，121个体育赛事全年超过4000场的视频直播、数据和视频等，用户还可以订阅和互动。新闻类APP主要提供体育相关各类新闻和资讯，类别有综合类和单项类，综合类如虎扑体育，提供大量体育相关新闻，特点是可读性很强的高质量翻译文章，球迷互动性较强；单项类如"懂球帝"专门为足球球迷提供服务，提供专业足球技战术分析

---

① 百米生活，http://www.100msh.net/news/detail? news_id=268.

和即时足球新闻报道等内容。场地预订类 APP 主要为体育参与者提供场地预订服务，如"嘀哒运动"主要功能为预订篮球场地，同时还具有约球、篮球资讯、篮球教学、社交等功能。总体看，体育类 APP 主要功能的设计基于用户与体育相关的实用需求，并且不断凸显社交功能，从而聚集大量的体育关注者，所带来的流量和数据极具市场价值。

（四）信息技术深化增值服务

大数据的发展对信息技术的发展起到了至关重要的作用，云端技术的日臻成熟，彩票分析软件、体育赛事转播、观众参与现场体育赛事购票服务、比赛数据追踪、职业俱乐部会员服务等都是科技技术深化体育产业增值服务的表现。[①] 各种彩票分析软件为彩民带来方便，它们能分析不同类型彩票开奖号码的走势和随机事件中的运行规律，分析各位号码出现的频率及分布情况，运用多种分析手段进行彩票分析，从而为彩民选号提供科学参考。通过网络数据库技术，还可以将人员信息集中保存于网络中心，信息的更改可以集中管理或授权在各场馆分布式进行，各场馆的数据库通过网络与中央数据库保持数据通信与同步，从而保证人员信息的准确性和一致性。竞赛日程发布、竞赛门票的售出、竞赛结果信息的发布、实时赛事评论等均可以通过网络提供。借助于互联网和网上银行电子支付手段，观众可以在互联网上了解赛事安排、场次门票情况并预订门票。在赛事举行过程中，通过网络还可以随时了解赛场情况、竞赛结果，查阅历届赛事资料。重大赛事时，住宿预定、交通路线、周边旅游景点、天气预报等信息的提供可以通过强大的电子商务网络轻松获取。信息技术还能帮助职业俱乐部建立会员资料数据库，提供定制服务。[②]

[①] 侯宽. "互联网+" 时代下体育产业的增值服务影响研究 [J]. 中国商论，2015（27）：131-133.
[②] 胡斐. 信息技术在体育产业中的应用 [J]. 科技创新导报，2014（29）：253-255.

第五章 我国体育产业信息网站运营模式

第一节 国外体育产业信息网站发展现状

一、国外体育产业信息网站发展概览

国外体育产业信息网站种类繁多,涉及体育产业的不同领域,主要研究体育产业发达国家体育产业信息网站的具体设置与运营,其特点是重在实务,资讯与数据库建设内容丰富,检索系统十分便利,对体育产业的重点板块,如体育赛事、体育用品、大众健身等信息非常完备,可以作为我国体育产业信息网站运营的借鉴与参考。

国外体育产业信息网站基本有以下类别。

(一)机构官方网站

机构官方网站包括各体育协会、联合会、体育赛事组委会、常设机构等机构的官方网站,其主要功能是展示机构相关信息,发布官方通知、公告等,部分网站也支持在线购买相关产品。

国际奥委会官方网站,域名为 www.olympic.org,主要功能是奥林匹克相关信息的传播和展示,栏目包括"主页"、"奥运会"、"青奥会"、"项目"、"运动员"、"国家"、"奥林匹克主义"、"图片"、"视频"、"国际奥委会"、"新闻",单独展示奥林匹克博物馆,可在线购买奥运会衍生品。网站首页截

图如图 5-1 所示。

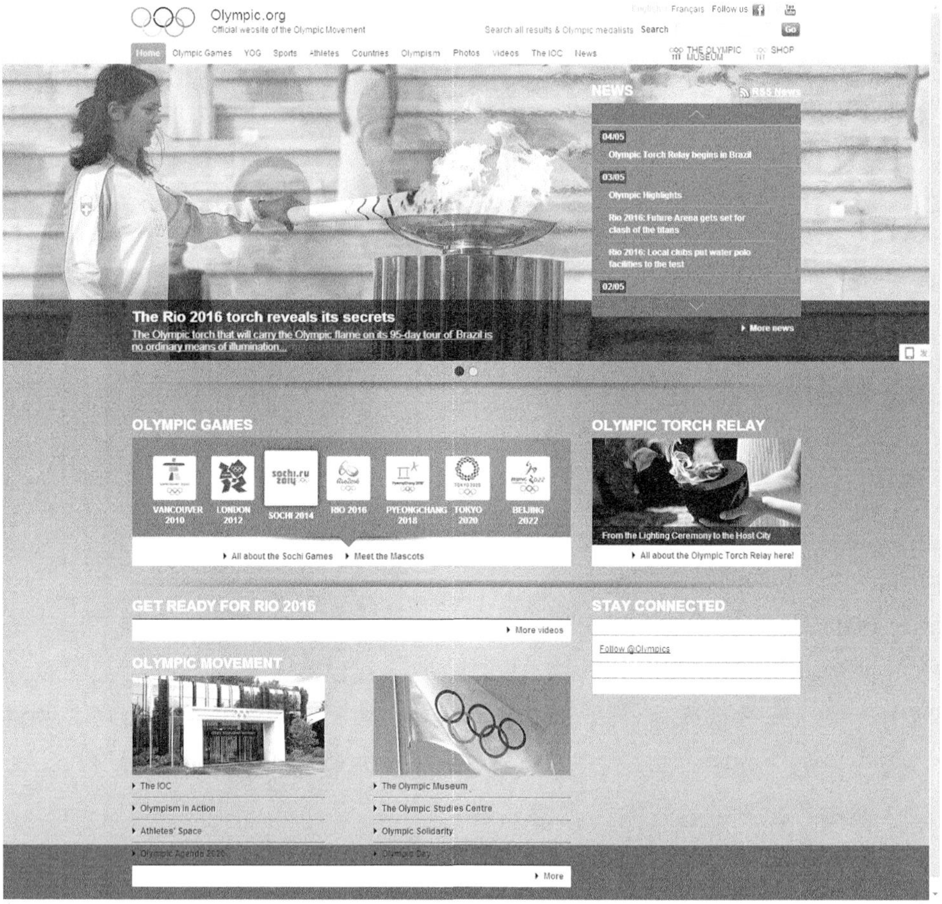

图 5-1　国际奥委会官方网站首页截图

国际足联官方网站，域名为 www.fifa.com，主要功能是国际足联相关信息的发布和展示，栏目包括"关于 FIFA"、"发展历程"、"管理机构"、"持续发展"，并对世界杯相关信息单独展示，内容包括赛程、实时比分、排名、女足、媒体、协会。网站首页截图如图 5-2 所示。

第五章　我国体育产业信息网站运营模式

图 5-2　国际足联官方网站首页截图

(二) 体育赛事官方网站

体育赛事官方网站包括大型综合性运动会、单项赛事等活动的官方网站，其主要功能是传播体育赛事相关信息，是体育赛事宣传推广的重要载体，发布官方通知、公告等，部分网站也支持在线购买门票、体育赛事衍生品等产品。

里约奥运会官方网站，域名为www.rio2016.com，主要功能是里约奥运会的形象展示和官方信息发布，栏目包括"参与"、"奥运会"、"里约热内卢"、"票务"、"火炬"、"新闻"、"更多"，支持在线购票。网站首页截图如图5-3所示。

图5-3 里约奥运会官方网站首页截图

第五章 我国体育产业信息网站运营模式

美国网球公开赛官方网站,域名为 www.usopen.org,主要功能是美国网球公开赛的形象展示和官方信息发布,栏目包括"票务"、"赛程"、"新闻"、"视频＆图片"、"商店"、"赛事指引"、"上届赛事"。网站首页截图如图 5-4 所示。

图 5-4　美国网球公开赛官方网站首页截图

（三）体育俱乐部官方网站

体育俱乐部官方网站包括业余体育俱乐部和职业体育俱乐部的官方网站，其主要功能是传播体育俱乐部相关信息，发布官方通知、公告等，部分网站也支持在线购买体育俱乐部衍生品等产品。

皇家马德里中文官方网站，域名为www.realmadrid.cn，主要功能是皇家马德里的官方信息发布、交互及门票销售，栏目包括"足球"、"篮球"、"关于皇家马德里"、"球迷天地"、"球票"、"VIP专区"、"商店"，可在线购买衍生商品。站长之家数据显示，皇家马德里中文官方网站在全球球类运动网站排名第151位。网站首页截图如图5-5所示。

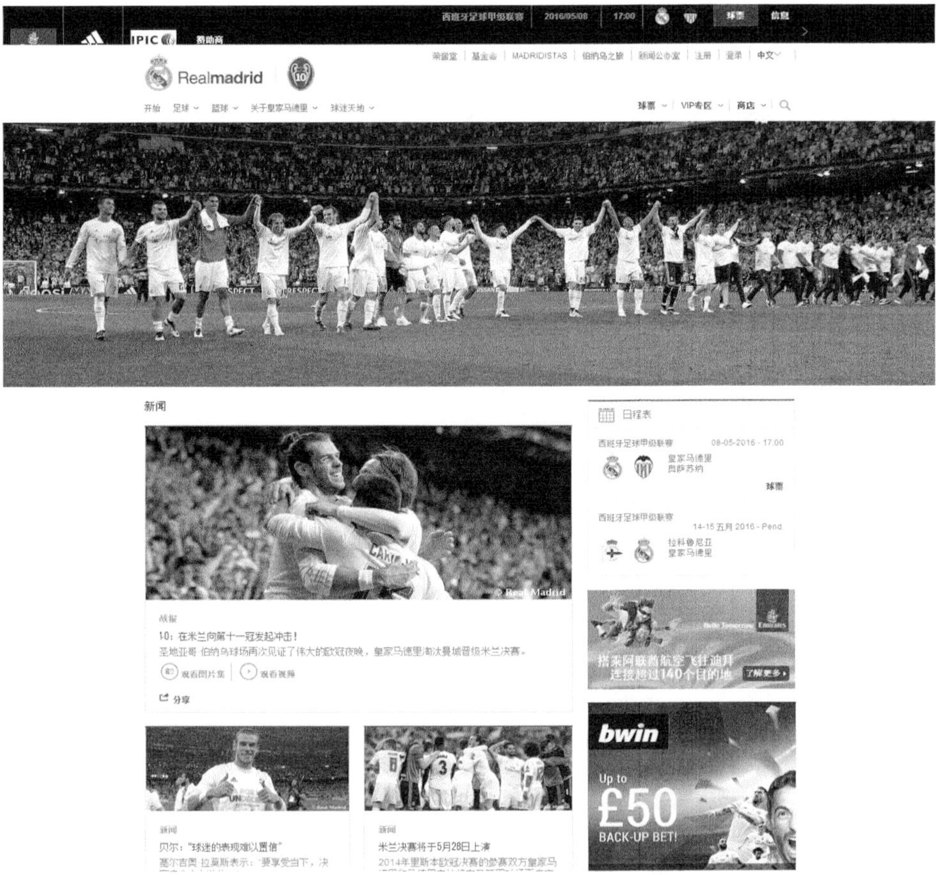

图5-5 皇家马德里中文官方网站首页截图

AC 米兰官方网站，域名为 www.acmilan.com，主要功能是 AC 米兰的形象展示、官方信息发布、交互及门票销售，栏目包括"新闻"、"球队"、"当前赛季"、"荣耀"、"场馆"、"门票"、"俱乐部"、"CASA 球迷社区"、"青年队"、"社区"、"媒体下载"。网站首页截图如图 5-6 所示。

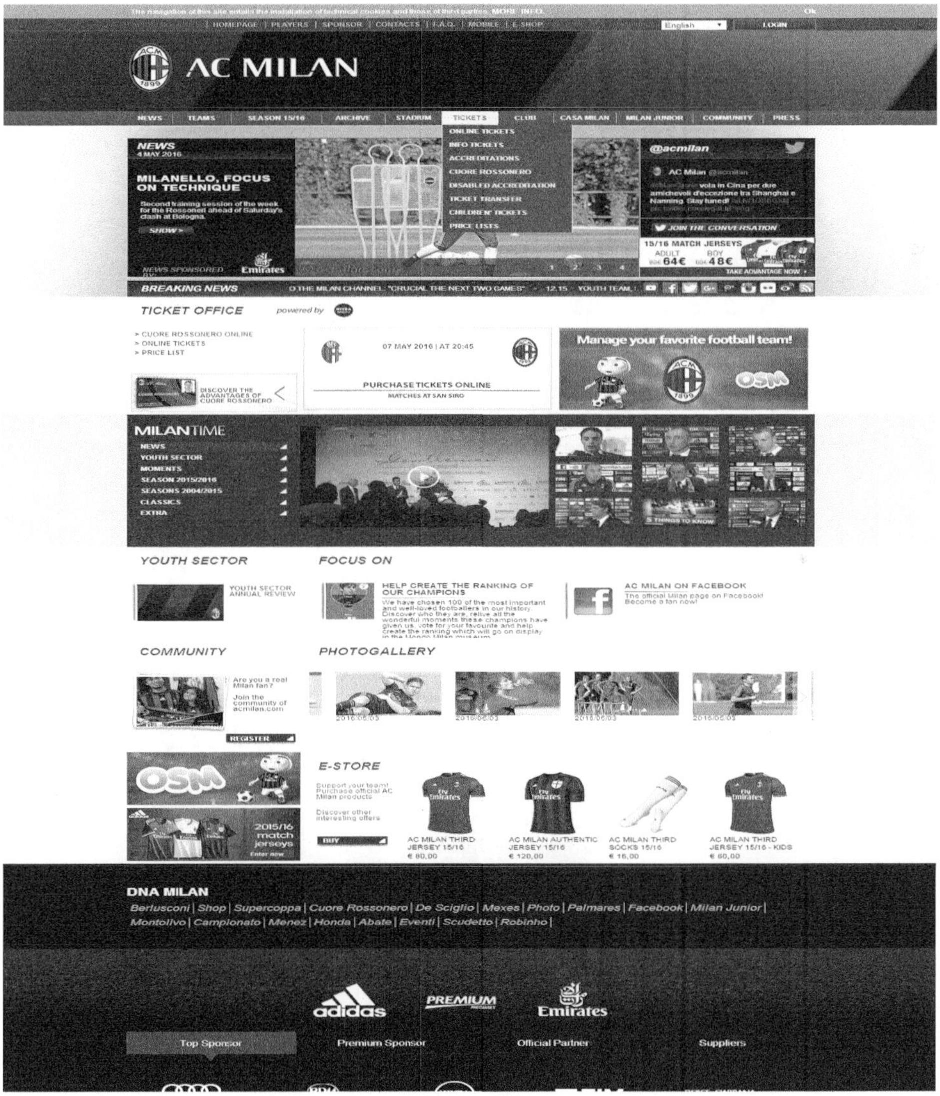

图 5-6　AC 米兰官方网站首页截图

(四)体育产业信息垂直网站

体育产业信息垂直网站包括体育资讯网站、视频转播网站、赞助等体育交易网站,主要特点是提供数据分析服务。

进球网(Goal),域名为www.goal.com,通过14个语种提供专业的足球资讯和数据,包括欧洲五大联赛、欧洲冠军杯、欧洲联盟杯、南美解放者杯、欧洲杯、亚洲杯,世界杯等赛事。站长之家数据显示,进球网(Goal)全球综合排名第638位。网站首页截图如图5-7所示。

图5-7 进球网(Goal)首页截图

美国体育新闻网，域名为 www.sportingnews.com，是美国著名的体育新闻网站，提供网络电子杂志，对美国四大职业联赛和 NCAA 系列赛事进行报道，并提供电台录音。站长之家数据显示，美国体育新闻网全球综合排名第 6175 位。网站首页截图如图 5-8 所示。

图 5-8 美国体育新闻网首页截图

我国体育产业信息网站运营模式研究

福克斯体育网，域名为 www.foxsports.com，提供美国四大职业联赛、UFC、高尔夫及 NCAA 的相关信息和数据。站长之家数据显示，福克斯体育网全球综合排名第 1557 位。网站首页截图如图 5-9 所示。

图 5-9 福克斯体育网首页截图

第五章 我国体育产业信息网站运营模式

ESPN 网站，域名为 www.espn.go.com，是专门播放体育节目的美国有线电视联播网，是全球最大的体育电视网，全球 147 个国家都可以收看，业务包括体育转播节目、体育脱口秀和其他原创节目，提供各大赛事的相关信息和数据，网站首页截图如图 5-10 所示。

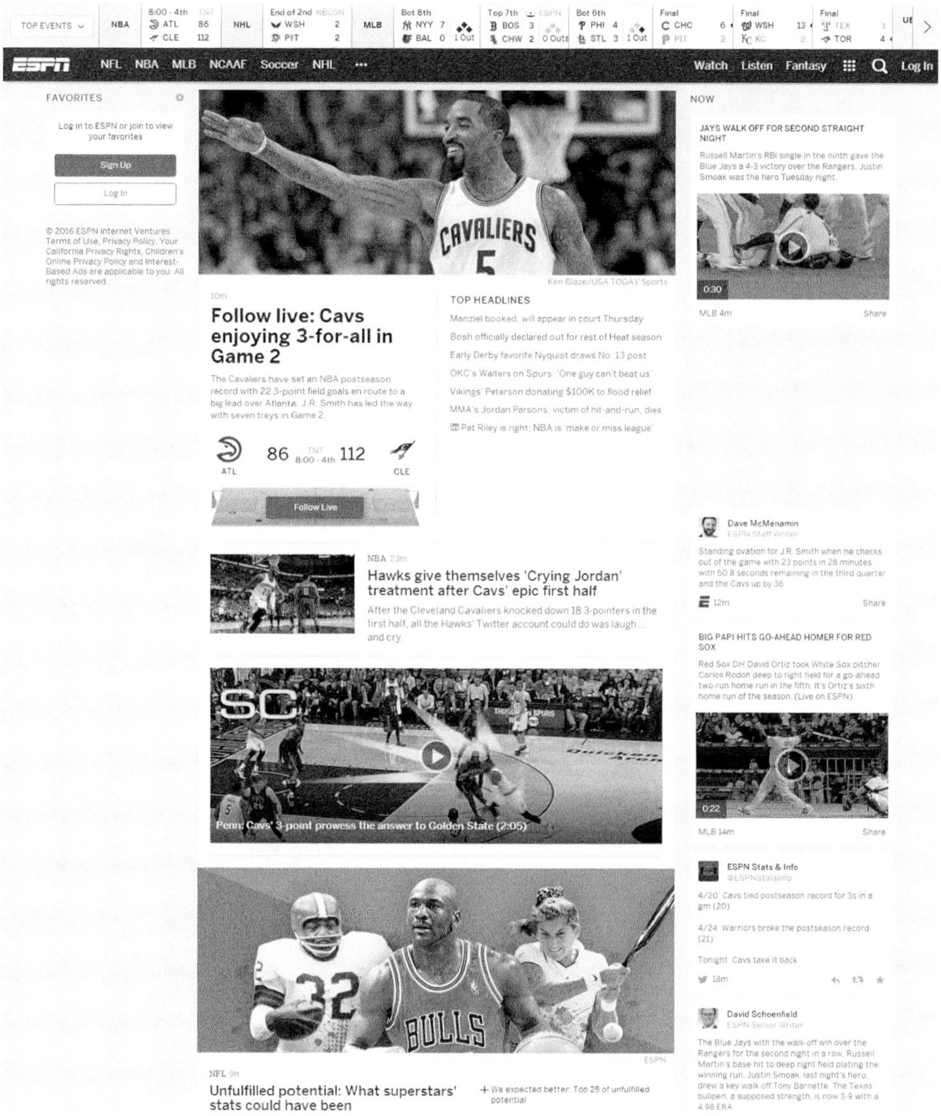

图 5-10　ESPN 网站首页截图

我国体育产业信息网站运营模式研究

  CBSSports 网站，域名为 www.cbssports.com，提供新闻、数据统计、视频点播、移动应用、电子商务、体育产品等信息。站长之家数据显示，CBSSports 网站全球综合排名第 841 位。网站首页截图如图 5-11 所示。

图 5-11   CBSSports 网站首页截图

第五章 我国体育产业信息网站运营模式

　　Spotcal 网站，域名为 www.sportcal.com，是英国重要的体育产业信息网站，产品包括新闻、日历、目录、媒体、赞助、活动和招标，并出版季刊和系列出版物。网站首页截图如图 5-12 所示。

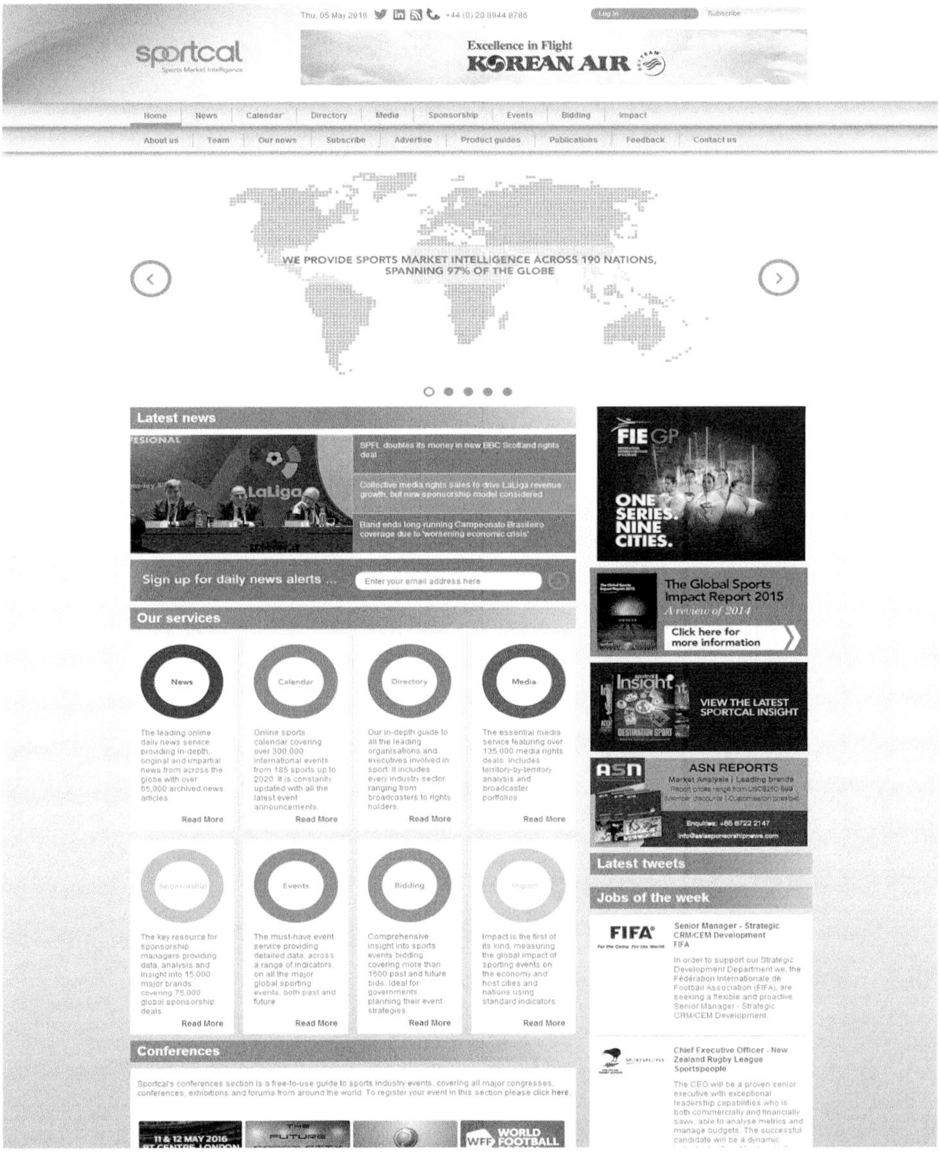

图 5-12　Spotcal 网站首页截图

二、Sportcal 网站运营分析

Sportcal 网站是国外典型的体育产业信息网站，其 1991 年成立于英国，最初提供世界重要赛事的日历，1996 年推出 CD 版，1998 年该服务通过 www.sportcal.com 实现完全移动网络的在线版本，2001 年推出了基于现有产品增值的自主商业新闻服务，随后其他产品和服务也持续推出，逐渐形成了一套包括新闻（News）、名录（Directory）、日历（Calendar）、媒体（Media）、赞助（Sponsorship）、赛事（Events）、投标（Bidding）和双月刊 Sportcal Insights 杂志的完整的产品体系，具体如下：

（一）新闻（News）

Sportcal 网站提供综合的、原有的、公正的在线每日新闻，Sportcal 网站目前拥有超过 65000 篇存档的新闻文章。

（二）名录（Directory）

Sportcal 网站拥有几乎所有与体育相关的组织机构和管理人员的联系方式，包含媒体转播商、转播权拥有者等每一个产业部门。

（三）日历（Calendar）

在线体育日历包含超过 30 万场 2020 年前举办的国际体育赛事，涉及 185 项体育项目，并且 Sportcal 网站不断更新最新的赛事公告。

（四）媒体（Media）

Sportcal 网站拥有超过 135000 件的媒体版权交易案例，包括域对域分析和媒体转播商投资组合。

（五）赞助（Sponsorship）

Sportcal 网站拥有 75000 个全球赞助交易案例，涉及 15000 个大品牌，并基于这些案例进行数据分析。

（六）赛事（Events）

Sportcal 网站制定一套指标体系，详尽地分析全球所有过去举办的和未来将要举办的大型国际体育赛事所产生的经济促进、城市和国家发展等影响，包括世界杯、奥运会、世锦赛等。

（七）投标（Bidding）

Sportcal 网站对 1500 多项过去和未来的体育赛事投标案例进行综合分析，为政府举办体育赛事提供策略。

Sportcal 网站也是"全球体育影响"（Global Sports Impact）项目的主要合伙人，其于 2015 年 9 月发布的《2015 年全球体育影响报告》从社交、经济、竞技、媒体等多个角度解读了超过 75 场体育赛事、50 多项体育运动。

Sportcal 网站是体育赞助与大数据结合的最佳范例，将体育产业信息通过科学处理后以分析报告的形式实现信息增值，而不是简单进行信息传播。Sportcal 网站会通过分析体育赛事的规模、影响力、受众、主办地等，向潜在赞助商、意向赞助商提供数据报告，以数据报告为依据由客户决定是否赞助某体育赛事。

第二节　我国体育产业信息网站运营模式分析

运营模式是对企业运营管理过程的总体描述，是为实现企业运营目的而对人、财、物等核心资源运用方式的有机结合。本书主要对以主办机构为企业的网站、企业化运营的网站、行政单位与企业合作运营的网站运营模式进行分析。

一、网站分类

我国体育产业信息网站种类繁多，目前尚未有明确的分类标准和依据。网站运营主体类型不断形成企业运营、行政单位与企业合作运营的趋势。本书主要考虑我国体育产业信息网站的发展历程、运营者，以网站功能为主要依据，将我国体育产业信息网站划分为以下类型。

（一）包含体育产业信息的综合性网站

包含体育产业信息的综合性网站，发布各类产业信息和资讯，内容涉及各行各业，其中包含体育产业信息。

中国产业经济信息网由中国报协主管，域名为www.cinic.org.cn，建立于1997年，是中国最大的行业信息发布网站之一。网站所拥有的"中国产经数据库"容纳了中国54家国家级行业媒体的信息数据200多万条，同时拥有每日1500条左右的数据更新量，其内容涵盖了国民经济各部门、各层面。① 网站首页截图如图5-13所示。

中国经济信息网，简称"中经网"，域名为www.cei.gov.cn，由国家信息中心组建，建立于1996年，是以提供经济信息为主要业务的专业性信息服务网站，是互联网上最大的中文经济信息库，是描述和研究中国经济的权威网站。② 网站首页截图如图5-14所示。

（二）体育行政部门官方网站

体育行政部门官方网站是电子政务的载体之一，发布相关政策、官方消息、新闻资讯，网上办公，信息资源共享等，主要包括国家体育总局官方网站、各项目管理中心官方网站、各地体育局（部门）官方网站等。

国家体育总局官方网站，域名为www.sport.gov.cn，由国家体育总局信息中心承办，实现政务公开、公共服务、在线办事以及与公众互动交流。站长之家数据显示，国家体育总局官方网站在中国政府职能网站排行榜中居第136名。专门开设"体育产业"栏目，主要包括产业信息、产业理论、产业统计、46号文件专版、场馆运营、健身场馆等内容。网站首页截图如图5-15所示。

北京市体育局官方网站，域名为www.bjsports.gov.cn，由北京市体育局信息中心运行管理，发布政务信息、新闻资讯、工作动态等信息，提供网上办事服务，包括行政审批、职称评审等。在"体育业务"栏目专门发布体育产业相关信息，包括体育产业政策、体育产业发展引导资金、体育市场监督等内容。网站首页截图如图5-16所示。

---

① 中国产业经济信息网，http://www.cinic.org.cn/site951/templates/aboutus.html.
② 中国经济信息网，http://serve.cei.gov.cn/portals/104/aboutus/a/a01.htm.

第五章 我国体育产业信息网站运营模式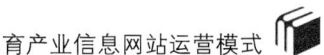

图 5-13 中国产业经济信息网首页截图

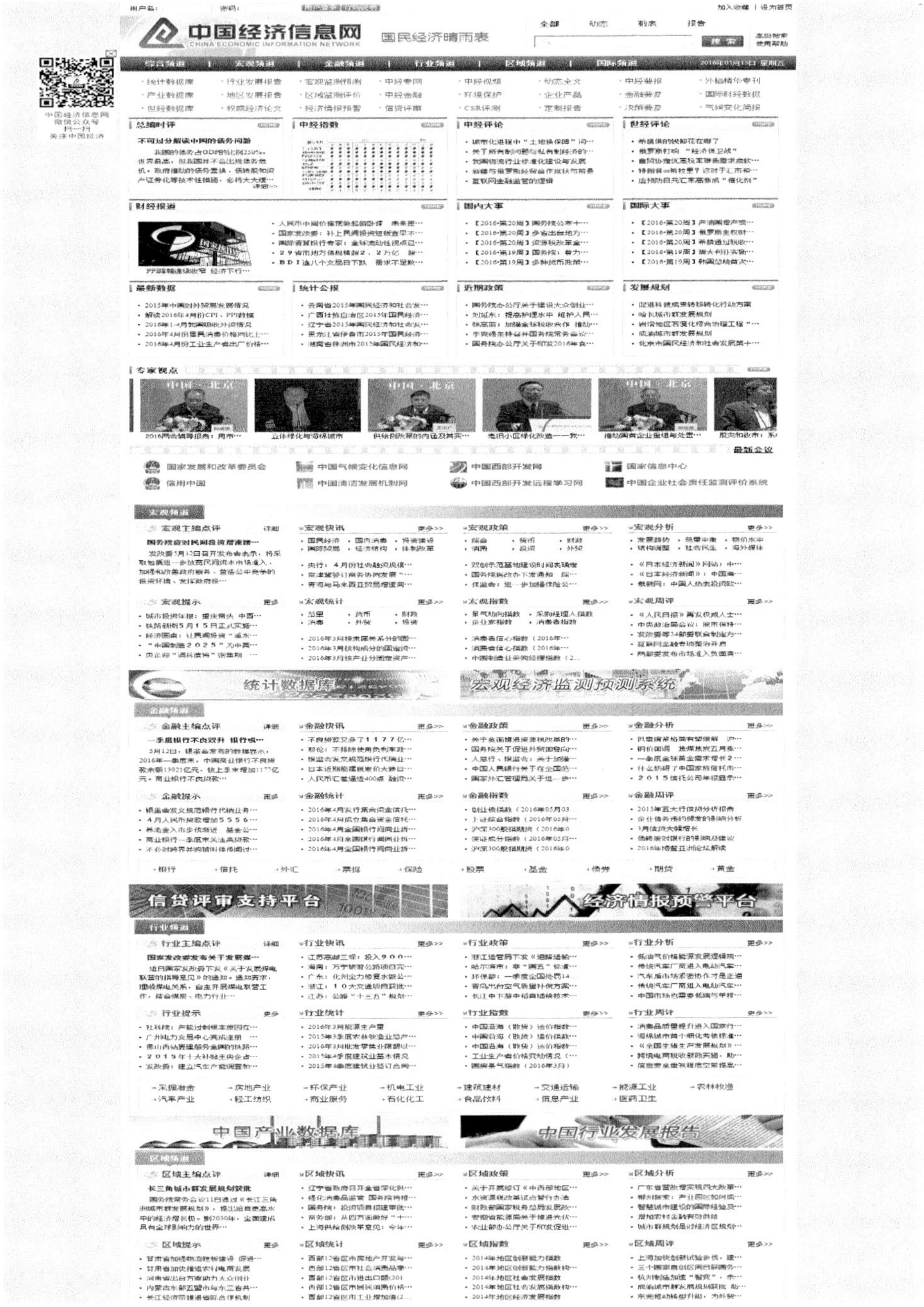

我国体育产业信息网站运营模式研究

图 5-14 中国经济信息网首页截图

第五章 我国体育产业信息网站运营模式

图 5-15 国家体育总局官方网站首页截图

我国体育产业信息网站运营模式研究

图 5-16 北京市体育局官方网站首页截图

（三）体育协会官方网站

体育协会官方网站包括中华全国体育总会官方网站、各地体育总会官方网站、各单项体育协会官方网站、各行业系统协会官方网站等，主要发布相关公告、新闻资讯等信息，对协会主办的体育赛事的比分、排名等数据进行统计。

中华全国体育总会官方网站，域名为 www.sport.org.cn，由华奥星空（北京）信息技术有限公司提供制作及技术支持，主要发布协会公告、新闻资讯、政策法规等信息，专门开设"体育产业"栏目，发布体育产业相关信息。站长之家数据显示，中华全国体育总会官方网站在体育健身网站排行榜中居第 113 名。首页截图如图 5-17 所示。

中国田径协会官方网站，域名为 www.athletics.org.cn，由华奥星空（北京）信息技术有限公司提供制作及技术支持，发布竞赛、训练、青少年、田径运动、马拉松等相关公告、新闻资讯等，并对合作伙伴、赞助商 Logo 进行首页展示。专门开设"田径产业"栏目，包括通知公告、名录汇总、行业动态、企业动态等内容。站长之家数据显示，中国田径协会官方网站在体育健身网站排行榜中居第 291 名。网站首页截图如图 5-18 所示。

（四）体育赛事官方网站

体育赛事官方网站包括综合性运动会、单项赛事等体育赛事的官方网站，主要传播体育赛事相关信息，是体育赛事宣传推广的重要载体，发布官方通知、公告等，部分网站也支持在线报名，在线购买门票、体育赛事衍生品等产品。

中华人民共和国第十二届运动会（2013 辽宁全运会）官方网站，域名为 www.liaoning2013.com.cn，由东北新闻网承办，发布相关新闻资讯、竞赛数据等信息，提供票务、场馆等在线信息服务，并在网站首页单设奖牌榜。网站首页截图如图 5-19 所示。

图 5-17 中华全国体育总会官方网站首页截图

第五章 我国体育产业信息网站运营模式

图 5-18 中国田径协会官方网站首页截图

我国体育产业信息网站运营模式研究

图 5-19 中华人民共和国第十二届运动会官方网站首页截图

第五章　我国体育产业信息网站运营模式

北京马拉松官方网站，域名为 www.beijing-marathon.com，主要发布北京马拉松的竞赛信息、新闻资讯、相关活动介绍等信息，并对其合作伙伴和赞助商 Logo 进行专门展示。站长之家数据显示，北京马拉松官方网站在体育健身网站排行榜中居第 459 名。网站首页截图如图 5-20 所示。

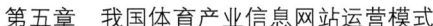

图 5-20　北京马拉松官方网站首页截图

(五) 门户网站体育频道

门户网站包含综合性的互联网信息资源，我国目前有新浪、网易、搜狐、腾讯四大门户网站，均开设了体育频道，且广受拥趸。站长之家数据显示，四大门户网站体育频道居我国体育综合网站排行榜前5名。门户网站体育频道主要内容为体育相关的新闻资讯及体育赛事直播。

腾讯体育，域名为www.sports.qq.com，是2013~2020年中国奥委会唯一的互联网服务合作伙伴，主要提供体育相关的各类新闻资讯和体育赛事直播，涉及NBA、CBA、中超、英超、西甲、德甲等多项体育赛事，是NBA中国数字媒体独家官方合作伙伴，创建了CBA数据库。站长之家数据显示，腾讯体育在我国体育综合网站排行榜居第1名，是中国人气最旺的门户体育频道，在北京奥运会和南非世界杯报道中多项核心指标排名第一。网站首页截图如图5-21所示。

图5-21 腾讯体育网站首页截图

第五章 我国体育产业信息网站运营模式

新浪体育，域名为 www.sports.sina.com.cn，主要提供体育相关各类新闻资讯和体育赛事直播，涉及欧冠、英超、西甲、意甲、中超、亚冠、NBA、CBA等多项体育赛事。站长之家数据显示，新浪体育在我国体育综合网站排行榜居第3名。网站首页截图如图5-22所示。

图5-22 新浪体育网站首页截图

（六）体育产业信息垂直网站

体育产业信息垂直网站专门提供与体育产业相关的深度信息和服务，用户群体包括个人、企业及政府等，大体可分为面向C端客户和面向B端客户。体育产业信息垂直网站提供的信息往往具有增值性，重点功能为资源对接和商务合作。目前，我国体育产业信息垂直网站正在发展中，提供服务的质量还有待完善和改进。

体育资讯网，域名为www.sportinfo.net.cn，是国家体育总局体育信息中心建立的专业性体育信息传播网站，主要面向群体为运动训练与竞赛部门、体育科研与教学单位、体育中介机构、新闻媒体、体育经营企业，实行会员制，提供的信息内容包括：大众体育数据库、体育成绩数据库、体育管理数据库、运动训练数据库、体育产业数据库、中国体育法规数据库等大型数据库；竞技体育信息、中外群众体育信息、体育产业信息、里约奥运信息、体育用品信息、水上项目信息、运动员保障动态、体操信息；专题报告和科研论文。网站首页截图如图5-23所示。

华奥星空网，域名为www.sports.cn，具有较强的商务合作属性，由北京华奥星空科技发展有限公司（简称"华奥星空"）建设和运营，华奥星空由中国奥委会、中华全国体育总会完全控股。华奥星空网提供竞技体育、体育产业、群众体育、体育公益等各类新闻资讯，搭建了众筹平台、冠军梦享团，与北京产权交易所共同成立了体育产业资源交易平台，并与花生游合作开展体育旅游业务，包括体育赛事门票和体育赛事旅行等内容，提供各类信息增值服务。网站首页截图如图5-24所示。

体育产业资源交易平台，域名为www.sire.sports.cn，由华奥星空和北京产权交易所共同主办。发布各类交易信息，主要为各类企业搭建资源交易平台，提供信息增值服务。体育产业资源交易平台为各运动协会、各产业基地、各体育企业以及关注和支持体育产业发展的投融资机构、知名企业、服务中介等，提供体育项目招商、体育企业股权交易、体育企业融

第五章 我国体育产业信息网站运营模式

资、体育实物资产交易的一站式服务。① 网站首页截图如图 5-25 所示。

图 5-23 体育资讯网首页截图

---

① 体育产业资源交易平台，http://sire.sports.cn/gywm/#1.

我国体育产业信息网站运营模式研究

图 5-24 华奥星空网首页截图

第五章 我国体育产业信息网站运营模式

图 5-25 体育产业资源交易平台首页截图

中国体育产业信息网，域名为 www.sportsii.cn，由宏育（北京）科技发展有限公司建设和运营。中国体育产业信息网主要面向企业客户，实行会员制，整合资源，促成交易，是一个体育产业资源的交互平台。提供体育相关各类新闻资讯，包括冬奥、全民健身等内容，同时还提供信息增值服务，包括体育培训、信息交互、赛事服务、远程培训、人才交流、体育科研等。网站首页截图如图 5-26 所示。

我国体育产业信息网站运营模式研究

图 5-26 中国体育产业信息网首页截图

第五章 我国体育产业信息网站运营模式

虎扑体育网，域名为 www.hoopchina.com，以篮球论坛起家，现在提供信息的范围包括篮球、足球、网球、高尔夫等多类项目，并且运营利物浦、AC米兰、法新社等中文官网，主要面向C端客户。创建了中国最大的体育类垂直社区——虎扑体育社区，同时在虎扑体育网首页搭建了体育产品导购网站——识货网端口。站长之家数据显示，虎扑体育网在我国体育综合网站排行榜居第4名。网站首页截图如图5-27所示。

图 5-27　虎扑体育网首页截图

· 119 ·

我国体育产业信息网站运营模式研究

二、栏目设置

栏目设置是网站的大纲体现,并带有索引功能,不同主题、功能的网站栏目设置不同。因此,栏目设置能在一定程度上反映体育产业信息网站的主要内容、类别、面向客户等,为网站运营模式奠定初步基础。我国体育产业信息网站的栏目设置主要从实用角度出发,以客户需求和使用习惯为基础进行设置。

我国体育产业信息网站的栏目设置呈现多元化特征,但整体来说我国体育产业信息网站栏目设置主要围绕信息本体内容,同时从信息资源增值的角度出发,我国体育产业信息网站的栏目设置侧重交互性、交易性的趋势不断显现。本书主要研究实例的栏目设置,如表5-1所示。

表5-1 本书主要研究实例的栏目设置

网站名称	栏目设置
中国产业经济信息网	新闻中心;今日要闻;产经预警;市场环境;统计数据;政策动态;经济管理;产经评论;产经分析;行业;金融;能源;通信;建筑;化工;食品;轻工;物流;医药;文化;农业;金属;生态;机电;地方;各地;招商;江苏;内蒙古;福建;广东;四川;山东;山西;特色;城乡;企业;新闻;人物;品牌;责任;公关;营销;扶持;创新
中国经济信息网	综合频道;宏观频道;金融频道;行业频道;区域频道;国际频道
国家体育总局官方网站	首页;总局政务;新闻资讯;全民健身;竞技体育;青少体育;体育产业;体育宣传文化;办事服务;网络问政
北京市体育局官方网站	首页;政府信息公开;工作动态;体育业务;办事服务;公众参与;科学健身;体育百科
中华全国体育总会官方网站	首页;协会公告;体育产业;体育要闻;全民健身;竞技体育;地方体育;政策法规;精彩图片
中国田径协会官方网站	首页;竞赛信息;训练频道;青少专区;田径产业;田径运动;马拉松;图片库;关于协会;联系我们
中华人民共和国第十二届运动会官方网站	首页;新闻;官方新闻;筹备公告;全运动态;全运言论;志愿全运;赛区巡礼;图书全运;全运视频;数据;竞赛日程;单项成绩;奖牌/总分;运动员;下载中心;专刊专题;历届全运;新纪录;服务;全运组委会;票务服务;全运气象;公众评价;全运会微博;市场开发;全运场馆;精彩辽宁
北京马拉松官方网站	首页;赛事信息;新闻&媒体;相关活动;合作伙伴;志愿者;联系我们

· 120 ·

第五章 我国体育产业信息网站运营模式

续表

网站名称	栏目设置
腾讯体育	滚动；图片；社区；边界；视频；直播；访谈；V+；NBA；点播；专访；大话；指数；ESPN；CBA；点播；数据库；赛程；周琦官网；国际足球；英超；西甲；欧冠；德甲；中国足球；中超；国足；亚冠；中甲；综合；跑步；搏击；网球；高尔夫；乒乓球；游泳；NFL；冰雪；奥运会
新浪体育	首页；视频；直播；图片；体育台；中国足球；国际足球；新浪3X3；NBA；中国篮球；综合；跑步；彩票；专栏；博客；游戏
体育资讯网	首页；里约奥运信息；运动员保障状态；体育产业信息；体操信息；专题报告；竞赛成绩库；运动训练库；国外管理库；竞技体育信息；国（境）外群体信息；体育用品信息；水上项目；体育产业库；大众体育库；科研论文；体育视频
华奥星空	体育产业资源交易平台；华奥众筹；冠军梦享团；华奥户外网；体育公益；竞技体育；体育产业；群众体育；体育旅游；滚动；视频；图片
体育产业资源交易平台	首页；项目信息；交易规则；政策法规；行业动态；重点项目分析；关于我们
中国体育产业信息网	首页；新闻动态；冬奥动态；全民健身；赛事服务；体育科研；企业信息；人才交流；产业百科
虎扑体育网	足球中超；英超；意甲；西甲；德甲；篮球；NBA；CBA；装备；赛车；MotoGp；论坛；视频；图片；跑步；高尔夫；更多；识货；团购；海淘；卡路里；彩票；游戏；虎扑TV；甘比亚；拜仁官网；合作官网；NFL官网；特步大五

三、技术支持

体育产业信息网站的技术支持主要指为提升网站建设和运营效率，借助各种互联网技术工具、流程方法等，以支持体育产业信息网站的建设和运营的过程及方法，如 HTML 编辑器、Microsoft Frontpage 等。网站技术是体育产业信息网站必不可少的要素，是实现体育产业信息网站目标功能的必要条件，网站技术的发展对体育产业信息网站的建设和运营在技术层面起到基础推进作用。网站技术的具体运用本书不作具体阐述，以下介绍对于我国体育产业信息网站的发展具有促进作用的两种技术。

（一）云计算技术

云技术能够将网络与应用整合为一体，使应用能够更好地服务用户，另外，云技术可以用于保存数据。云计算有两层含义，即云平台和云服务。云平台是提供资源、动态可扩展性的网络。云服务是基于底层基础设施的抽象，拥有扩展和灵活的服务。云计算是并行计算、分布式计算和网络的融合与发展。云计算的基本原理是把工作任务交付给一个庞大的计算机分配系统,而不是本地服务器或远程计算机,数据中心企业的运行更加类似互联网。这允许公司资源切换到应用的需要,按需求访问计算机和存储系统。具体是,首先,不同的云计算被认为是平行的和分布式计算机系统,其服务基于计算机的网络,并和计算资源保持相应的步伐;其次,云计算非常庞大并且复杂,在正常情况下,计算机程序的开发技术,需要经过云计算,主要是注重于计算机网络云计算的相关环节;最后,大多数计算机用户的网络群体,一般并不会较长时间使用,因此可以从中制定相应的方案,加强基础设施建设,避免网络资源的浪费和资源库超标准排污。云技术通过将各种用户所需要的资源转移,以实现数据的传递,因而具有很强的灵活性以及实用性。①

(二)数据库技术

知识库系统。如今的人工智能已经相当发达,而将人工智能与数据库技术有机地结合到一起,形成了所谓的知识库系统。应用了人工智能的数据库系统对于数据的管理和搜索更加人性化,扩充了数据库系统的推理能力、引入语义知识,提高了数据库的查询效率,在操作上更为便捷。

分布式数据库系统。由不同计算机的数据组成的数据库系统被称为分布式数据库系统,在分布式数据库系统中,每台服务器都有自己独立的数据库系统和客户机,而且每台服务器都可以对数据进行独立处理,在节约了服务器储存空间的同时,突破了储存空间对于数据库系统的桎梏,让数据库系统可以在无限的范围内延伸,最大限度地满足使用者的需求。

主动数据库。所谓主动数据库是能够对紧急情况进行迅速反应的数据库,而对紧急情况进行被动反应的则称为被动数据库。由被动向主动的转变,其实质是数据库管理系统模块化程度的提高,这种提高使得数据库对于数据的管理更加高效,数据库能够自动对运行状态进行调整,以保证数

---

① 高翔.计算机网络云计算技术分析[J].电子技术与软件工程,2016(6):12-15.

据库的稳定运行。[①]

四、特征

体育产业信息网站在我国发展迅速，各体育相关组织，包括国家体育总局、各相关企业等，为体育产业信息网站的建设和运营提供了一定的资源。截至目前，我国体育产业信息网站的发展已经取得了一定的成绩。但我国体育产业信息网站整体上处于初级阶段，仍然是以网站运营者为主体的单向传播。当前阶段，我国体育产业信息网站具有以下特征。

(一) 整体处于初级发展阶段

我国体育产业信息网站初具规模，发展态势和成长速度逐步趋于稳定，整体上处于初级发展阶段，在网站定位、网站内容、网站管理方面等存在一系列问题，整体缺乏核心竞争力，并且主要以网站运营者单向沟通为主要传播方式。当前我国各体育产业信息网站主要充当信息库的角色，以将各类体育信息分类和归纳，并以网站技术为基础使得体育信息便于获取和传递而发挥作用。当前，我国体育产业信息网站大量运用信息搜索和文档下载技术。而且，体育产业信息垂直网站数量较少，所提供的服务还需进一步升级和改善。

(二) 门户网站体育频道"异军突起"

我国四大门户网站腾讯、新浪、网易、搜狐均开设了体育频道，并且好评如潮，各门户网站体育频道已成为体育爱好者每天获取体育产业信息的主要途径之一。站长之家数据显示，四大门户网站体育频道居我国体育综合网站排行榜前5名。门户网站体育频道具有及时发布体育产业信息资源的作用，相对于其他体育产业信息网站，体育产业信息采编和频度较快，信息传播具有较高的互动性，并且其受众行为已经由被动接受信息向主动选择信息转换。各大门户网站在我国体育产业信息网络化进程中发挥了重要作用，是我国体育产业信息网站的重要组成部分，但并不是核心

[①] 李青松. 数据库技术及其发展趋势浅谈 [J]. 数字技术与应用, 2015 (2): 212-214.

部分。

（三）以双向互动为主要发展方向

我国体育产业信息网站主要以通过信息资源共享和整合以实现网站运营者及体育信息资源获取者的双向互动为主要发展方向。体育产业信息网站运营者最终要以网站技术为载体，以网站受众为导向，以体育产业信息网站为平台，实现体育资源拥有者之间、体育资源拥有者和意向合作企业之间、网站运营者和公众的多向交流，能够进行一站式网上信息服务并提供个性化专属定制服务，致力于打造基于网络的盈利模式清晰的、服务型的体育产业信息网站，从而促进体育信息资源的充分共享和优化配置，加速我国体育市场的发展进程。

五、目标功能

我国体育产业信息网站的目标功能主要体现在信息资源共享和整合方面，可概括为四个方面。

（一）形象展示功能

形象展示功能是我国体育产业信息网站最基本的功能，当前处于"眼球经济"时代，形象优美的体育产业信息网站有助于吸引更多的关注者，带来更多的流量，从而网站运营者有更多的机会与关注者进行沟通，及时了解这些潜在客户的需求，为售卖服务产生收益奠定基础。形象展示功能是体育产业信息网站受众最早期的体验，只有满足这类体验后，网站运营者才能进一步提供给网站受众更深一层的、附带增值服务的体验。同时，内容翔实、设计精美、运行良好的体育产业信息网站可以展示网站运营者的综合实力，树立网站运营者的良好形象。体育产业信息网站的形象展示功能尤其要体现在体育行政部门官方网站、体育赛事官方网站等。

（二）信息发布功能

信息发布功能是体育产业信息网站的重要目标功能之一，网站运营者向社会发布体育信息，分享资源，让公众知晓、参与和监督。同时，所发布信息不仅仅是转载其他网站的内容，一方面要注重体育产业信息网站自主原创，可以是事件评论、政策解析、数据分析等客观、专业且能够吸引关注的内容；另一方面要注重网站关注者的言论在体育产业信息网站上的体现，这样既有利于体育产业信息网站运营者了解网站关注者深层次的需求，也有利于培养体育产业信息网站关注者的主人翁意识，如虎扑体育的论坛版块。体育产业信息网站发布的信息应该包括：网站运营者相关信息，体育行业法规、规则和政策，体育产业相关重大决策、项目及实施情况，体育行业官方信息，体育新闻，体育赛事或活动信息等。

（三）商务合作功能

商务合作功能是平台型体育产业信息网站必须要具备的功能，即体育产业信息网站应当充当中介角色，解决体育产业相关信息各方不对称的问题，为体育产业信息附加商业价值创造效益，如体育产业资源交易平台、中国体育产业信息网等。体育产业信息网站要为体育相关组织和企业嫁接合作的桥梁。例如，体育赛事主办方可以通过其官方网站展示赛事的相关信息，向潜在赞助商传递合作信息；体育产业信息垂直网站发布体育相关赛事或活动招商信息，有意向进行体育营销的企业可以选择适合本企业的体育赛事或活动进行合作。

（四）资源整合功能

资源整合功能也是体育产业信息网站的重要目标功能之一，体育产业信息网站通过系统整合，实现体育信息资源的充分共享，优化体育信息资源配置，发挥体育产业信息资源的最大效应。这种整合不仅是提供链接或导航，更重要的是为体育产业信息获取者提供全面、快捷的信息服务。体育产业不断发展，大量体育产业相关信息以无序的状态出现在大众面前，体育产业信息网站应将这些体育产业信息资源进行整理、加工等深层处理，便于体育产业信息获取者做出更为明智的决策。

六、盈利模式

我国体育产业信息网站的盈利模式主要有以下几类。

(一) 建立融资平台

我国体育产业信息网站正逐步搭建专门与体育产业相关的融资平台,提供各类融资服务,如华奥星空网等。项目众筹,赚取总集资额一定比例的佣金,如特殊含义的体育用品众筹等;项目融资,赚取总融资额一定比例的佣金,如体育场馆建设、体育赛事举办融资等;投融资对接,对接资本和项目赚取代理佣金,如有融资需求的企业、创业者等和投资机构的资源对接等;企业、创业者融资担保,赚取担保金一定比例的佣金;投资机构投资方向指导,赚取咨询费用等。

(二) 行业信息数据

建立行业信息数据库是我国体育产业信息网站正在探索的盈利模式,通过对行业信息数据的收集、整理、再加工,挖掘信息和数据的商业价值,形成行业信息数据库,发布行业信息数据报告等,主要面向企业级客户,赚取访问行业信息数据库的授权费用和行业数据报告的使用费用等。

(三) 电商产品平台

互联网时代的到来,各类体育产品进驻天猫、京东等各综合电商平台开设旗舰店,体育垂直电商平台也不断发展,体育产品的销售逐渐进入电商模式。我国部分体育产业信息网站也在逐步搭建电商平台,如虎扑体育网的识货平台,收入来源主要有自营收入、第三方佣金、广告等关联收入、会员费、服务费等。

(四) 广告推广业务

广告推广业务往往是在网站流量达到一定量级后所采用的盈利模式,是网站重要的盈利模式,目前也是我国大部分体育产业信息网站主要的盈利模式,如我国四大门户网站的体育频道,主要类型有点击广告(CPC)、弹窗广告(CPM)、销售分成广告(CPS)、定期广告等。

(五) O2O 的线上线下活动对接

O2O 通过线上招揽流量聚集 B 端客户,线下实现消费聚集 C 端客户。O2O 的线上线下活动对接是我国体育产业信息网站正在探索的盈利模式,主要通过将网站上的流量转变为线下活动消费而盈利。O2O 体系将来盈利点不仅在于所实现交易和交换，更多的盈利来自基于大数据及免费模式下O2O平台所衍生的增值服务。

（六）商务合作交易

我国体育产业信息网站愈加重视网站的商务属性，提高各类交易信息数量和质量，搭建企业间资源交易平台，将商务合作交易作为重要盈利模式，以此赚取交易佣金和服务费，如体育产业资源交易平台为各运动协会、各产业基地、各体育企业以及关注和支持体育产业发展的投融资机构、知名企业、服务中介等，提供体育项目招商、体育企业股权交易、体育企业融资、体育实物资产交易的一站式服务。

七、建站流程

一般地，我国体育产业信息网站建站流程如下。

（一）网站规划

网站规划是指在体育产业信息网站建设之前，网站运营者要根据实际需要进行分析，提出想要达到的效果和实现的功能，并且整理成需求列表，交付至网站制作服务公司。网站规划通常涉及以下内容：

第一，网站定位。网站定位是确定体育产业信息网站建设的目的，需要确定网站用户、网站功能、网站内容等。通常体育产业信息网站的用户是体育产业从业者、关注者；网站功能包括形象展示、信息发布、商务合作等；网站内容应该是主题分明、结构合理、逻辑清晰的，并能够为体育产业从业者、关注者提供相关服务。

第二，内容收集。在确定网站定位后，就要收集现有体育产业信息相关资料并进行整理，以填充体育产业信息网站的内容。一方面是当前产业信息等的积累，另一方面是搜索整理、媒体报道等内容。

第三，栏目设置。栏目设置是确定体育产业信息网站的逻辑布局，首先要根据网站定位来确定网站应该必备的栏目，然后明确各栏目应该包含的具体内容。如中国足球协会超级联赛官方网站（www.csl.sports.cn）的栏目有：首页；最新消息；赛果·数据；俱乐部资料；十年甲A；中超论坛。

(二) 网站设计

网站设计主要指对体育产业信息网站视觉方面进行设计,通过艺术手法表现网站规划中的具体内容。网站设计通常涉及以下内容:

第一,网站标志设计。网站标志,即网站Logo,是体育产业信息网站的象征符号,也是体育产业信息网站的特征和内涵的集中体现。

第二,网站风格设计。网站风格是用户对体育产业信息网站的整体形象综合的、抽象的感受,因此要统一体育产业信息网站的风格,应特别注意保持体育产业信息网站的色彩、文字、版面布局、浏览方式等的一致性。

第三,导航栏设计。导航栏的作用是保证体育产业信息网站各栏目的清晰呈现,导航栏能链接到栏目具体内容,根据位置不同有横排导航栏和竖排导航栏两种形式。体育产业信息网站的导航栏在网页中的位置一般比较固定,风格也应该是一致的。

(三) 站点建设

网站规划和网站设计相当于体育产业信息网站的策划阶段,策划案确定后就要进行实际操作,即站点建设。站点建设通常涉及以下内容:

第一,IP地址申请和域名注册。IP地址(Internet Protocol Address)是指互联网协议地址,是体育产业信息网站区别于其他网站的、唯一的特殊标识,由于IP地址是32位二进制数,不便于记忆,所以要申请注册一个唯一的、便于记忆的和IP地址对应的域名。域名注册对于体育产业信息网站来说是至关重要的,域名可以说就是网站运营者在网络上的地址,通常选用和网站运营者相关的字母、数字或字母和数字的结合体作为体育产业信息网站的域名。体育产业信息网站的域名是网站运营者的无形资产,具有市场价值。

第二,ISP服务选择。ISP(Internet Service Provider)是指互联网服务提供商,由于自建独立站点的成本较高,通常体育产业信息网站会选择由ISP提供的虚拟主机租用或服务器托管的服务。虚拟主机是指由在互联网上运行的服务器划分出的多个虚拟的服务器。服务器托管,即主机托管,是指将自购的服务器托管至ISP服务商的IDC(互联网数据中心)。

第三，网页制作。网页是体育产业信息网站的表现形式，网页制作是体育产业信息网站建设的重要环节。网页制作一定要以网站规划和网站设计中的具体要求为基础。专用的网页制作工具主要有 Netscape、Dreamweaver、FrontPage、HotDog Professional 等。网页制作技术通常有前端页面开发和后台数据库开发。

第四，网站测试。网站测试是在体育产业信息网站的全部网页都制作完成后所进行的一系列检测工作，主要是为了保证体育产业信息网站的正常浏览和功能的正常体现。通常包括性能测试、安全性测试、功能测试、优化测试、兼容性测试等。

（四）网站推广

在通过网站测试后，就可以将体育产业信息网站的全部网页上传服务器，供用户访问，发挥体育产业信息网站的基本作用。紧接着要进行下一项重要工作，即网站推广，因为不进行推广，体育产业信息网站一般不会有较大的访问量，那么就不能达到网站运营者预期的效果。网站推广方法一般有搜索引擎推广方法、电子邮件推广方法、资源合作推广方法、信息发布推广方法、网络广告推广方法等，同时要注意和行业、协会网站进行合作，建立友情链接。

（五）网站管理和维护

在体育产业信息网站建设完成后，要不断对体育产业信息网站进行管理和维护，以保证体育产业信息网站的正常运行。体育产业信息网站管理和维护一般包括安全管理、性能管理、内容管理等，其中安全管理、性能管理及内容管理中的技术支持由制作体育产业信息网站的网站制作服务公司进行；内容管理中的内容更新由网站运营者进行，不断更新网站内容，同时根据实际需要和变化逐步完善体育产业信息网站的功能。

第六章 案例分析：中国体育产业信息网

第一节 中国体育产业信息网发展历程

中国体育产业信息网由国家体育总局和江苏苏嘉集团合作建立，实行企业化运营，运营公司为宏育（北京）科技发展有限公司。江苏苏嘉集团始创于1986年，经过30年的发展，逐步形成了耐火材料、精密钢管、房地产、酒店服务、文化产业和金融服务等多元产业发展的集团企业。中国体育产业信息网作为媒体传播渠道和平台，主要通过企业信息交互和赛事活动合作，线上线下相结合，为各类体育组织、企业和个人提供专业服务。中国体育产业信息网大事记如下：

2014年12月，中国体育产业信息网开始建设。

2015年8月1日，中国体育产业信息网正式上线。

2015年9月12~21日，中国体育产业信息网参与"青岛2015世界休闲体育大会"。

2015年10月16日，中国体育产业信息网参与"2015北京国际体能大会"。

2016年4月22~25日，中国体育产业信息网参与"第34届中国国际体育用品博览会"。

2016年5月20日，中国新媒体门户大会授予中国体育产业信息网

我国体育产业信息网站运营模式研究

"中国互联网优秀企业"称号。

第二节 中国体育产业信息网运营模式

一、网站定位

中国体育产业信息网的定位是中国体育产业首选资源交互平台和中国体育产业权威信息发布平台,以网络为平台,以信息为纽带,通过整合行业内外多种资源,建立完备的赛事服务体系、营销推广体系及投融资平台,为体育组织、企业和个人提供信息交互、专业交流、赛事服务、远程培训以及电商支持等服务。

二、网站内容

中国体育产业信息网站主要内容如下:

(1)及时准确地发布国内外体育产业信息,逐步建立网站在业内的权威性。

(2)以举办2022年冬奥会为契机,关注冬奥会筹备给中国冰雪运动带来的热潮和商机。

(3)重点参与竞赛表演、场馆服务、中介培训等体育服务业,促进康体结合,推动体育旅游、体育传媒、体育会展等相关业态融合发展。

(4)以足球、篮球、排球三大球为切入点,通过商业化运作,推广普及性广、关注度高、市场空间大的运动项目。

(5)积极宣传健身跑、自行车、登山等运动项目,带动大众化体育运动发展。

(6)推出专业人才交流机制,为体育产业市场提供大量专业从业人员和高水平的产业研究人员;展示最新产业研究成果,为企业发展提供理论支持。

（7）搭建创新创业交流平台，发布体育科技软件、硬件产品，展示国内高新体育企业，创立企业与投资基金的对接平台。

（8）建设体育产业百科，汇集政策法规、体育常识、场馆展示、机构及企业介绍等内容，为体育搜索打下基础。

三、栏目设置

中国体育产业信息网站栏目设置如表 6-1 所示。

表 6-1　中国体育产业信息网站栏目设置

栏目	子栏目	说明
新闻动态	时政要闻	国内外重大时政新闻
	产业动态	国内产业要闻、国际最新产业信息发布
	赛事新闻	国内外重大赛事资讯
	体育财经	体育领域上市公司投融资趋势、股市行情
冬奥动态	冬奥筹备	官方动态、IOC 资讯、场馆建设改造、筹备资讯
	冬奥产业	奥运会相关产业、赞助、经济活动
	备战资讯	国内外运动队备战奥运新闻
	冬奥百科	赛场介绍、冬奥会历史、项目介绍、历史名人、重大事件
赛事服务	赛事公告	最近赛事、信息库、赛事检索（国际综合、单项赛事；全国性综合、单项赛事、省市综合性比赛）
	赛事年历	国内外赛事预览、分项赛事预览
	商业赛事	国内外商业比赛介绍、推广
	赛事排行	国内外赛事规模、热度排行榜
体育科研	科研动态	国内外体育科研最新动态
	专家学者	专家学者介绍及研究成果展示
	产业成果	体育行业人士研究成果推广
	产业声音	专业权威言论发布
全民健身	群众体育	热门项目（足球、跑步、自行车、乒乓球、羽毛球等动态活动）
	旅游户外	水上运动、冰雪运动、攀登越野、机动车比赛开展情况、旅游信息攻略发布、运动装备推荐
	青少年体育	校园足球、篮球普及推广服务
	康体养生	运动指南、损伤预防、健康饮食、疾病预防及治疗
企业信息	科技新闻	最新体育科技资讯
	科技新品	体育科技软件、硬件产品发布
	企业展示	国内高新体育企业展示
	创新企业	投资基金对接平台

续表

栏目	子栏目	说明
人才交流	市场动态	体育人才市场动态
	人才展示	体育院校及国内外专业人才展示平台
	企业需求	国内外企业招聘信息
	院校展示	国内专业体育院校介绍
产业百科	政策法规	体育产业政策法规及政策解读
	体育常识	项目、人物、事件介绍
	场馆服务	国内运动场馆展示
	机构企业	体育相关机构及企业介绍

四、盈利模式

中国体育产业信息网站的盈利模式还在不断探索与完善之中，根据目前市场与公司发展情况，网站盈利模式主要有以下几种：

（1）专家输出：国家体育总局、高等院校、体育协会等机构专家顾问经纪服务为专家和网站赚取咨询费。

（2）赛事赞助：为赛事活动寻找赞助商获取赞助额一定比例的佣金。

（3）广告销售：网站软硬广告和赛事相关广告销售的佣金或增值收益。

（4）会员销售：企业会员费收入，目前已有超过2000家企业会员。

五、服务范围

（一）信息服务

国内外体育产业权威信息发布，专业研究成果展示，最新赛事动态报道，科学前沿观点指引，体育科技产品展示，运动健身知识及场馆介绍，健康休闲活动及方法呈现，招商合作信息发布等。

（二）赛事服务

中国体育产业信息网利用资源优势，对接赛事运营商、投资商、赞助商、消费者、赛事场馆、专家顾问等，并围绕赛事进行宣传推广、赛事招商等活动。

（三）营销服务

进行体育远程培训课程、健身俱乐部课程、运动场馆门票等体育相关活动及产品的推广营销服务，包括宣传推广、在线销售、体验营销等。

（四）投融资服务

对接投资方与融资方，为投资方匹配有发展潜力的项目，同时为各类项目寻找优质的投资人，也通过项目众筹的方式为项目融集资金。

（五）人才和科研服务

发布最新行业动向，建立企业与体育专项人才的桥梁。集合专业领域智库人才，刊登体育领域前沿成果。

六、优化措施

中国体育产业信息网流量优化措施如下：

（1）做好市场竞争研究，研究目标人群搜索的关键词，确保目标关键词有人搜索，从而获得有效流量。

（2）在网站中做好关键词的分布，使关键词呈"金字塔"形结构，最大限度地优化站内关键词。

（3）做好网站的三类关键词，导航类关键词、交易类关键词、信息类关键词，同时预估每个关键词的排名和带来的流量。

（4）做好关键词的趋势波动和预测（长期的趋势和季节波动以及社会热点的预测）。

中国体育产业信息网运营优化措施如下：

（1）深入布置调整网站标题、关键词，扩大和调研体育产业品牌的影响及用户需求。

（2）通过原创文章的原创度需求，满足用户和搜索引擎两者的平衡点。

（3）网站内部做微型调整，布置好每一条内链，使内链形成小组循环的"蜘蛛网"。

（4）扩充外链平台的广度和深度以及高度，用于完善网站外链的覆盖程度。

（5）扩充网站在各个渠道的信息量，如微博、博客、贴吧、论坛等。

（6）建立网站权威性，后期可做各搜索引擎的百科、官网认证、各平台认证。

（7）通过高权重网站带动，提升网站的权重，从而提升网站的排名。

（8）持续、稳定的维护是网站收录和流量增长的重要因素。

第七章 我国体育产业信息网站运营模式存在的问题

整体看,我国体育产业信息网站当前主要是以打造平台为核心、低成本运营的网站,主要起中介作用,核心价值不够明显,往往不能提供质量较高的增值服务,不能将网站和线下产品相互结合。从本质上讲,我国还没有出现真正成功的体育产业信息网站。当前我国体育产业信息网站运营模式存在的问题主要体现在以下方面。

(一)价值增值不显著

体育产业信息网站的主要目标是提高以信息为呈现形式的各类资源在整个体育产业中的投入回报程度,实现体育产业信息网站总体价值增值的最大化,以满足各利益相关者的期望。价值增值涉及无形资产、社会效益、经济效益等多个维度,价值链增值活动包括基本增值活动和辅助性增值活动。当前,我国体育产业信息网站在形式上大体具备此两类情况,但实际效用不大,各类资源价值增值不太显著,未能将体育产业信息有效转化为经济效益,且不能较为明显地提高体育产业信息网站运营者管理水平和深层次地满足体育产业信息获取者的需求。我国大部分体育产业信息网站只是将信息传播出去,而未对信息进行增值处理,尤其行业信息大数据缺乏,欠缺商务属性。同时,我国体育产业信息网站目前还存在融资和合作困难的问题,难以实现价值增值。

(二)盈利模式不清晰

盈利模式是体育产业信息网站创造价值的方法和方式,要着重考虑产品和服务设计、客户定位、实施策略、利润屏障等因素,合理有效的盈利模式是体育产业信息网站运营模式的重要组成部分，更是取得竞争优势的关键。但我国体育产业信息网站目前最大的问题是几乎没有清晰的盈利模式，甚至不盈利，理想的盈利模式难以实现。在本书所研究的我国体育产业信息网站中，仅我国四大门户网站体育频道依据门户网站原有的受众基础拥有较为清晰的盈利模式，如新浪体育频道主要收入有平台空间租金、注册会员费、网络广告等。清晰的盈利模式应该在体育产业信息网站建设之前就要确定，即使在一定阶段盈利较小，但是对于未来的盈利空间一定要有效设立，并做出合理预测。

（三）网站内容不优质

网站内容是体育产业信息网站所呈现出的主要产品，能够直接体现体育产业信息网站的核心竞争力。我国体育产业信息网站过于简单化，对于信息的处理较为低级，简单传播信息，而不对信息做出分析和整理，所以未能将信息有效转化为体育产业信息网站的优质内容。如大部分的体育赛事官方网站只是对得分等数据简单描述，却未形成有效的数据报告和数据库；再如我国体育产业信息网站的内容中体育产业相关分析报告的数量和质量均难以满足体育产业从业者与关注者的需求。我国体育产业信息网站内容的不优质具体体现为：页面魅力不足，网站主题不鲜明，信息内容不全面，信息更新不及时，网站开放度较低，信息实用性较低等。内容不优质的体育产业信息网站难以吸引大的关注量，也就难以产生更大的收益。

（四）运营模式不合理

运营模式是商业模式的重要组成部分，是对体育产业信息网站运营管理过程的总体描述，是对人、财、物等核心资源运用方式的有机结合。而目前我国体育产业信息网站运营模式不合理，甚至处于不稳定状态，竞争重点缺失，没有标准化的服务战略，流程决策无效，有效供应链缺失，服务精益系统缺失。我国很多体育产业信息网站只是国外或者国内其他行业成功网站的复制品，其运营者简单套用成功网站的运营模式，很少真正考虑我国体育产业发展状况、网络体育信息资源特征及我国体育产业信息获取者的特殊需求。同时，我国体育产业信息网站的运营团队整体的专业性与稳定性也有待提升。我国体育产业信息网站当前采用的很多运营模式在其他行业已经被证明在我国是行不通的或者是运营模式与体育市场的发展相悖，因此，我们需要探索、建立适合我国国情的、能够促进体育市场良性发展的体育产业信息网站运营模式。

第八章 我国体育产业信息网站运营模式优化原则及策略

第一节 优化原则

（一）分阶段优化

一般网站发展将经历技术导向、内容导向和服务导向三个阶段，我国体育产业信息网站整体上处于技术导向和内容导向之间，处于初级发展阶段。因此，我国体育产业信息网站运营的优化不是一次性的，需要在其不同发展阶段采取不同方法和渠道，从本质上促进网站运营的合理化。同时，要根据市场环境和客户需求的变化，不断对我国体育产业信息网站的运营模式进行优化，保证体育产业信息网站与客户的有效连接。

（二）定位清晰

我国体育产业信息网站的定位主要是对网站运营模式做出具体定位，从而达到网站运营者的商业目标。网站运营者要以我国体育市场为基础，清晰定位网站发展目标、客户群体及用户需求等。定位不清晰的体育产业信息网站就像一篇没有主题的文章，会让网站受众不知网站运营者"所云"，更会降低体育产业信息网站的点击率，失去实用价值。

（三）整合资源

我国体育产业信息网站的优化一定要着重整合资源，让其在体育市场

我国体育产业信息网站运营模式研究

中的资源整合方面起到统领作用,这不仅体现在对体育行业中信息和服务的整合,也包括对其他行业信息等各种社会资源的整合。因此,建立体育产业信息数据库、发布数据分析报告、整合体育市场信息及其他社会资源成为我国体育产业信息网站的优化的重要任务。

第二节 优化策略

(一)设立合理的网站定位

我国体育产业信息网站运营的优化首先要进行网站定位。网站定位时,不能只考虑单一的定位对象,而需要综合考虑网站的类型、用户、功能、内容、性能、运作、管理等要素。网站定位对象如表8-1所示。[①]

表8-1 网站定位对象

对象	分类	
哪一个(which)	网站类型	个人、组织、用户
谁(who)	网站用户	按照角色分类
为什么(why)	网站功能	宣传、服务、互动
是什么(what)	网站内容	按照模式分类
何地、何时(where、when)	网站性能	按照访问情景分类
方式(how)	网站运作	非盈利、盈利
	网站管理	自我管理、整合资源、外包

根据以上模型,我国体育产业信息网站类型为组织网站;网站用户为体育产业信息获取者;网站功能为形象展示、信息发布、商务合作、资源整合;网站内容可以按照各级文字界面、行业数据库、相关链接等进行构建;网站性能上限为要满足40000人同时访问的情况(关键词"体育"百度指数为40000左右);网站为盈利方式运作;网站管理最佳选择为自我

---

① 吴胜,苏琴.面向资源的网站定位模型研究[J].情报探索,2011(11):105-168.

管理。由此，可将我国体育产业信息网站定位为网络媒体和经营平台，其核心功能为体育资源置换。在确立合理的网站定位后，要根据网站定位删除不必要的栏目及板块，以凸显体育产业信息网站的重点，更要坚持网站的长远运营和发展思想，注重提升网站质量，打造核心竞争力。

（二）构建清晰的网站盈利模式

网站盈利模式可以归结为一个系统，如图 8-1 所示。①

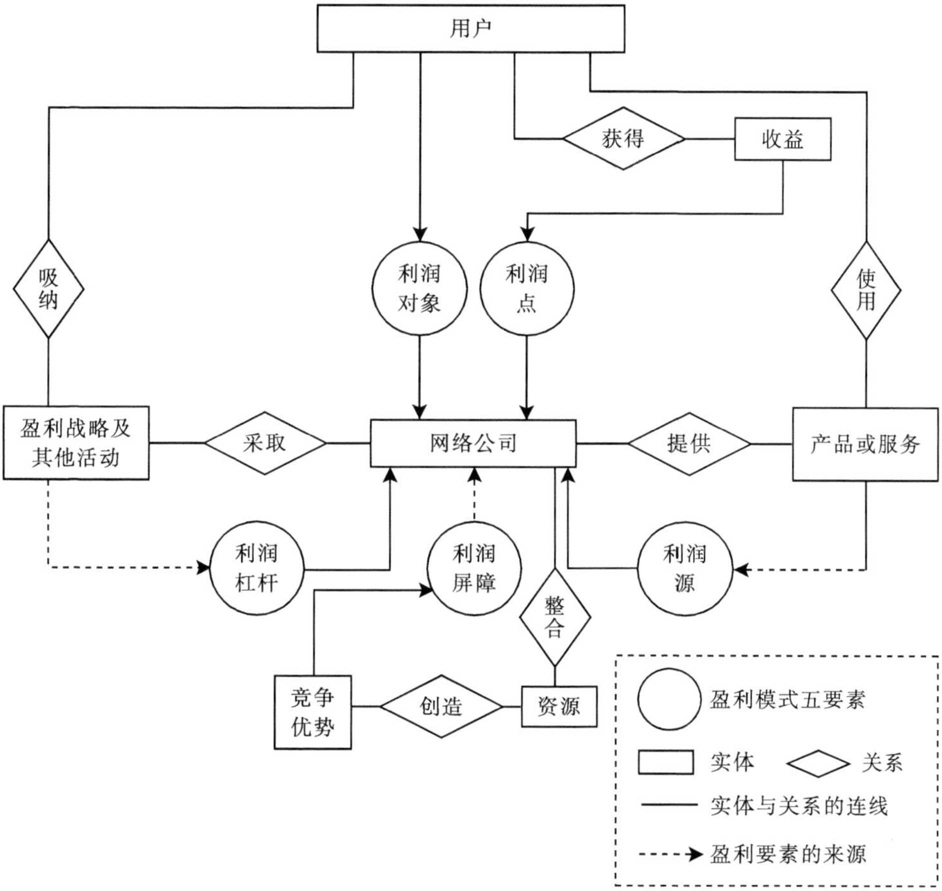

图 8-1 网站盈利模式

---

① 曹耀群. 企业互联网盈利地图 [M]. 广州：广东经济出版社，2009.

我国体育产业信息网站盈利模式的优化要以上述模式为基础，并创新网站能够提供的产品或服务以及网站运营者采取的盈利战略及其他活动。核心产品应该是体育行业数据库及数据报告，核心服务是将整合的信息资源传递给体育产业信息获取者。如中国体育产业信息网主要服务产品包括赛事服务（赛事招商、资源对接、赛事咨询），宣传推广（媒体广告、视频网站、学术研究）和代理销售（在线销售、体验营销、项目众筹）。网站运营者采取的盈利模式及其他活动包括：设置广告空间；开展体育产业相关培训；为体育赛事或活动招商中介；招纳会员；订购体育相关产品或服务；承办体育相关会展、论坛；提供国内外体育旅游服务等。

（三）设计实用的网站内容

我国体育产业信息网站内容要包括各级文字界面、行业数据库、相关链接等，栏目设置可以从体育管理活动，体育竞赛表演活动，体育健身休闲活动，体育场馆服务，体育中介服务，体育培训与教育，体育传媒与信息服务，其他与体育相关的服务，体育用品及相关产品制造，体育用品及相关产品销售、贸易代理与出租，体育场地设施建设十一类体育产业进行构建。具体内容优化要从以下四个方面进行：

第一，我国体育产业信息网站要具备页面魅力，页面设置要精美、简洁。

第二，我国体育产业信息网站核心竞争力为其提供体育行业数据库和行业数据报告。

第三，我国体育产业信息网站要以整合资源为核心的主题分明、结构合理、内容清晰，并能够提供给体育产业信息获取者产品或服务的综合性网站。

第四，删除体育产业信息网站内的无效内容，及时清理缓存等，以提高网站运行速度。

（四）实施多元的网站推广方法

适用我国体育产业信息网站的线上推广方法包括：搜索引擎推广方法；电子邮件推广方法；资源合作推广方法；信息发布推广方法；病毒性营销方法；快捷网址推广方法；网络广告推广方法；综合网站推广方法；

网站评比和推广方法等。同时，我国体育产业信息网站运营者还要注重线下推广，主要从两方面进行：一是可以与国内重大体育赛事或活动进行资源置换合作，网站以赛事或活动的合作伙伴的形式呈现，赛事或活动借助网站传播相关消息，互利共赢；二是可以组织一些解决体育产业中存在问题的案例，及体育行业内传统媒体合作联合主办案例专版。

（五）组建高效的运营团队

网站运营需要强大的人力资源支撑，因此，高效的运营团队是我国体育产业信息网站优化的重要组成部分。体育产业信息网站运营的重点在于如何完善网站核心服务功能，发挥网站形象展示、信息传播、商务合作及资源整合的功能，从而不断延伸体育产业信息网站运营者的服务范围，这些工作的实现都要依靠高效的运营团队。同时，要对运营团队进行有效管理，发扬团队精神，严格执行关于网站管理人员的相关规定，形成一致的目标观念，更有效率地完成体育产业信息网站的运营工作。

（六）构建合理的运营模式

我国体育产业信息网站的运营模式应当凸显网站运营要以建立体育行业数据库、提供数据报告为核心竞争力，以服务客户为中心，以资源整合为核心功能，以盈利模式构建为主体，如图8-2所示。

在该运营模式中，体育产业信息网站为运营主体，以各类技术为支持并由专业人才在不同环节操作体育产业信息网站的运营流程，同时不断优化以适应新的市场环境和满足新的市场需求；体育产业信息获取者为运营客体，即体育产业信息网站的客户，体育产业信息网站通过一系列推广方法将网站推送至客户以满足其需求；体育产业信息网站将产品或服务提供给客户的过程中，其采取相关盈利战略及其他活动以获利。

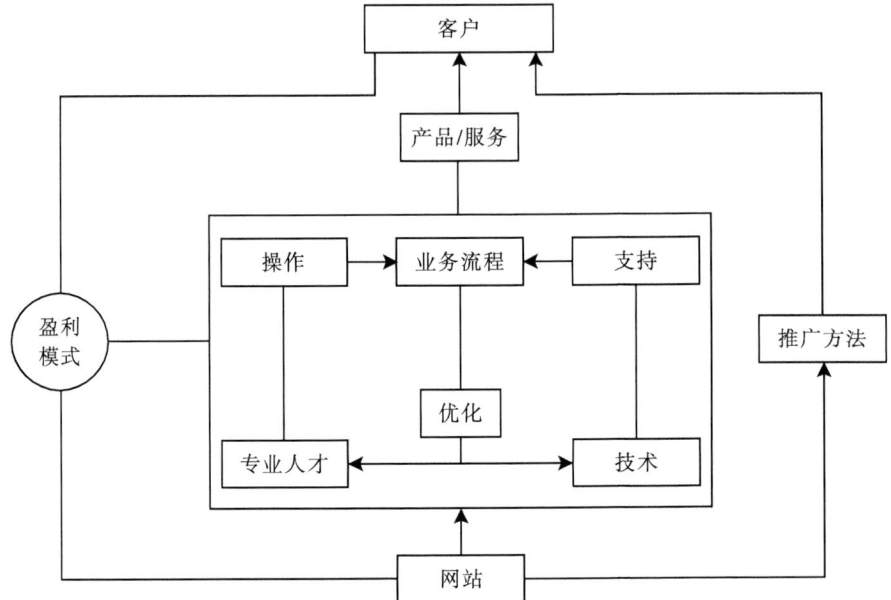

图 8-2　我国体育产业信息网站运营模式

第九章 结论与展望

第一节 结 论

（一）体育产业信息网站助推我国体育产业发展

在互联网时代，信息化能够有效助推我国体育产业的发展，而体育产业信息网站的发展是体育产业信息化的具体表现之一，所以体育产业信息网站的建设和运营对我国体育产业的可持续发展具有一定价值，主要表现在如下几方面：

（1）拓宽体育产业信息的获取与传播渠道，带动体育服务业发展。

（2）根据需求有效匹配体育产业信息，提升体育产业经济运作的效率。

（3）建立体育产业信息数据库，智能分析促进决策。

（二）我国体育产业信息网站运营过程中存在一定的问题

整体看，我国体育产业信息网站当前主要以打造平台为核心、低成本运营的网站为主，起中介作用，核心价值不够明显，往往不能提供质量较高的增值服务，不能将网站和线下产品相互结合，与国外体育产业信息网站的差距较大。从本质上讲，我国还没有出现真正成功的体育产业信息网站。当前我国体育产业信息网站运营模式存在的问题主要体现在如下方面：

（1）价值增值不显著。

（2）盈利模式不清晰。

（3）网站内容不优质。

（4）运营模式不合理。

（三）借鉴国外成功经验，改进我国体育产业信息网站运营模式

通过我国体育产业信息网站与国外体育产业信息网站的对比，发现国外体育产业信息网站更为重视数据库的建立，并提供数据分析服务，网站的商务属性和服务属性较为明显；我国体育产业信息网站目前仍处于发展阶段，新闻和资讯是网站的主要内容，更注重网站的媒介属性。所以可以借鉴国外体育产业信息网站的成功经验，如服务设计、盈利模式等，进一步改进我国体育产业信息网站的运营模式。

第二节　展　望

体育产业信息网站能够在一定程度上助推我国体育产业的发展，而合理的运营模式对于体育产业信息网站至关重要，因此基于本书的上述研究，并借鉴其他行业信息网站的成功经验，课题组认为还需进行以下后续研究：

（1）我国不同类型体育产业信息网站应用不同运营模式的具体依据。

（2）我国体育产业信息网站运营模式在具体操作层面如何发挥作用。

（3）构建体育产业信息数据库的主要依据、功能设计、技术支持等。

（4）我国体育产业信息网站如何根据需求合理有效地设计产品和服务。

（5）体育产业信息网站有效促进我国体育产业发展具体的作用机制。

附　录

附录一　专家访谈提纲

（1）"互联网+"对经济发展的促进作用包括哪些方面？
（2）互联网时代下体育产业如何发展？
（3）体育产业与互联网如何融合发展？
（4）互联网体育服务应该包括什么？
（5）体育产业信息化的具体表现有哪些？
（6）体育产业信息网站应该是什么？
（7）体育产业信息网站的类型有哪些？
（8）体育产业信息网站的主要功能包括哪些？
（9）我国体育产业信息网站的发展现状。
（10）服务型企业的运营模式应该包括哪些内容？
（11）盈利模式与运营模式的区别是什么？
（12）网站如何盈利？
（13）体育产业信息网站如何盈利？
（14）网站有哪些盈利模式？
（15）网站有哪些运营模式？
（16）盈利模式、运营模式、商业模式在实际应用中的不同是什么？

(17) 体育产业信息网站的核心产品应该是什么？

(18) 当前我国体育产业信息网站存在的主要问题。

(19) 我国体育产业信息网站的发展方向。

(20) 互联网技术具体包括什么？

(21) 互联网技术的发展趋势。

(22) 互联网技术如何具体运用到网站运营中？

附录二　国务院关于积极推进"互联网+"行动的指导意见（节选）

"互联网+"是把互联网的创新成果与经济社会各领域深度融合，推动技术进步、效率提升和组织变革，提升实体经济创新力和生产力，形成更广泛的以互联网为基础设施和创新要素的经济社会发展新形态。在全球新一轮科技革命和产业变革中，互联网与各领域的融合发展具有广阔前景和无限潜力，已成为不可阻挡的时代潮流，正对各国经济社会发展产生着战略性和全局性的影响。积极发挥我国互联网已经形成的比较优势，把握机遇，增强信心，加快推进"互联网+"发展，有利于重塑创新体系、激发创新活力、培育新兴业态和创新公共服务模式，对打造大众创业、万众创新和增加公共产品、公共服务"双引擎"，主动适应和引领经济发展新常态，形成经济发展新动能，实现中国经济提质增效升级具有重要意义。

近年来，我国在互联网技术、产业、应用以及跨界融合等方面取得了积极进展，已具备加快推进"互联网+"发展的坚实基础，但也存在传统企业运用互联网的意识和能力不足、互联网企业对传统产业理解不够深入、新业态发展面临体制机制障碍、跨界融合型人才严重匮乏等问题，亟待解决。为加快推动互联网与各领域深入融合和创新发展，充分发挥"互联网+"对稳增长、促改革、调结构、惠民生、防风险的重要作用，现就积极推进"互联网+"行动提出以下意见。

一、行动要求

（一）总体思路

顺应世界"互联网+"发展趋势，充分发挥我国互联网的规模优势和应用优势，推动互联网由消费领域向生产领域拓展，加速提升产业发展水平，增强各行业创新能力，构筑经济社会发展新优势和新动能。坚持改革创新和市场需求导向，突出企业的主体作用，大力拓展互联网与经济社会各领域融合的广度和深度。着力深化体制机制改革，释放发展潜力和活力；着力做优存量，推动经济提质增效和转型升级；着力做大增量，培育新兴业态，打造新的增长点；着力创新政府服务模式，夯实网络发展基础，营造安全网络环境，提升公共服务水平。

（二）基本原则

坚持开放共享。营造开放包容的发展环境，将互联网作为生产生活要素共享的重要平台，最大限度优化资源配置，加快形成以开放、共享为特征的经济社会运行新模式。

坚持融合创新。鼓励传统产业树立互联网思维，积极与"互联网+"相结合。推动互联网向经济社会各领域加速渗透，以融合促创新，最大程度汇聚各类市场要素的创新力量，推动融合性新兴产业成为经济发展新动力和新支柱。

坚持变革转型。充分发挥互联网在促进产业升级以及信息化和工业化深度融合中的平台作用，引导要素资源向实体经济集聚，推动生产方式和发展模式变革。创新网络化公共服务模式，大幅提升公共服务能力。

坚持引领跨越。巩固提升我国互联网发展优势，加强重点领域前瞻性布局，以互联网融合创新为突破口，培育壮大新兴产业，引领新一轮科技革命和产业变革，实现跨越式发展。

坚持安全有序。完善互联网融合标准规范和法律法规，增强安全意识，强化安全管理和防护，保障网络安全。建立科学有效的市场监管方式，促进市场有序发展，保护公平竞争，防止形成行业垄断和市场壁垒。

（三）发展目标

到2018年，互联网与经济社会各领域的融合发展进一步深化，基于互联网的新业态成为新的经济增长动力，互联网支撑大众创业、万众创新的作用进一步增强，互联网成为提供公共服务的重要手段，网络经济与实体经济协同互动的发展格局基本形成。

——经济发展进一步提质增效。互联网在促进制造业、农业、能源、环保等产业转型升级方面取得积极成效，劳动生产率进一步提高。基于互联网的新兴业态不断涌现，电子商务、互联网金融快速发展，对经济提质增效的促进作用更加凸显。

——社会服务进一步便捷普惠。健康医疗、教育、交通等民生领域互联网应用更加丰富，公共服务更加多元化，线上线下结合更加紧密。社会服务资源配置不断优化，公众享受到更加公平、高效、优质、便捷的服务。

——基础支撑进一步夯实提升。网络设施和产业基础得到有效巩固加强，应用支撑和安全保障能力明显增强。固定宽带网络、新一代移动通信网和下一代互联网加快发展，物联网、云计算等新型基础设施更加完备。人工智能等技术及其产业化能力显著增强。

——发展环境进一步开放包容。全社会对互联网融合创新的认识不断深入，互联网融合发展面临的体制机制障碍有效破除，公共数据资源开放取得实质性进展，相关标准规范、信用体系和法律法规逐步完善。

到 2025 年，网络化、智能化、服务化、协同化的"互联网+"产业生态体系基本完善，"互联网+"新经济形态初步形成，"互联网+"成为经济社会创新发展的重要驱动力量。

二、重点行动

（一）"互联网+"创业创新

充分发挥互联网的创新驱动作用，以促进创业创新为重点，推动各类要素资源聚集、开放和共享，大力发展众创空间、开放式创新等，引导和推动全社会形成大众创业、万众创新的浓厚氛围，打造经济发展新引擎。（发展改革委、科技部、工业和信息化部、人力资源和社会保障部、商务部等负责，列第一位者为牵头部门，下同）

1. 强化创业创新支撑。鼓励大型互联网企业和基础电信企业利用技术优势和产业整合能力，向小微企业和创业团队开放平台入口、数据信息、计算能力等资源，提供研发工具、经营管理和市场营销等方面的支持和服务，提高小微企业信息化应用水平，培育和孵化具有良好商业模式的创业企业。充分利用互联网基础条件，完善小微企业公共服务平台网络，集聚创业创新资源，为小微企业提供找得着、用得起、有保障的服务。

2. 积极发展众创空间。充分发挥互联网开放创新优势，调动全社会力量，支持创新工场、创客空间、社会实验室、智慧小企业创业基地等新型众创空间发展。充分利用国家自主创新示范区、科技企业孵化器、大学科技园、商贸企业集聚区、小微企业创业示范基地等现有条件，通过市场化方式构建一批创新与创业相结合、线上与线下相结合、孵化与投资相结合的众创空间，为创业者提供低成本、便利化、全要素的工作空间、网络空间、社交空间和资源共享空间。实施新兴产业"双创"行动，建立一批新兴产业"双创"示范基地，加快发展"互联网+"创业网络体系。

3. 发展开放式创新。鼓励各类创新主体充分利用互联网，把握市场需求导向，加强创新资源共享与合作，促进前沿技术和创新成果及时转化，构建开放式创新体系。推动各类创业创新扶持政策与互联网开放平台联动协作，为创业团队和个人开发者提供绿色通道服务。加快发展创业服务业，积极推广众包、用户参与设计、云设计等新型研发组织模式，引导建立社会各界交流合作的平台，推动跨区域、跨领域的技术成果转移和协同创新。

（二）"互联网+"协同制造

推动互联网与制造业融合，提升制造业数字化、网络化、智能化水平，加强产业链协作，发展基于互联网的协同制造新模式。在重点领域推进智能制造、大规模个性化定制、网络化协同制造和服务型制造，打造一批网络化协同制造公共服务平台，加快形成制造业网络化产业生态体系。（工业和信息化部、发展改革委、科技部共同牵头）

1. 大力发展智能制造。以智能工厂为发展方向，开展智能制造试点示范，加快推动云计算、物联网、智能工业机器人、增材制造等技术在生产过程中的应用，推进生产装备智能化升级、工艺流程改造和基础数据共享。着力在工控系统、智能感知元器件、工业云平台、操作系统和工业软件等核心环节取得突破,加强工业大数据的开发与利用,有效支撑制造业智能化转型,构建开放、共享、协作的智能制造产业生态。

2. 发展大规模个性化定制。支持企业利用互联网采集并对接用户个性化需求,推进设计研发、生产制造和供应链管理等关键环节的柔性化改造,开展基于个性化产品的服务模式和商业模式创新。鼓励互联网企业整合市场信息,挖掘细分市场需求与发展趋势,为制造企业开展个性化定制提供决策支撑。

3. 提升网络化协同制造水平。鼓励制造业骨干企业通过互联网与产业链各环节紧密协同,促进生产、质量控制和运营管理系统全面互联,推行众包设计研发和网络化制造等新模式。鼓励有实力的互联网企业构建网络化协同制造公共服务平台,向细分行业提供云制造服务,促进创新资源、生产能力、市场需求的集聚与对接,提升服务中小微企业能力,加快全社会多元化制造资源的有效协同,提高产业链资源整合能力。

4. 加速制造业服务化转型。鼓励制造企业利用物联网、云计算、大数据等技术,整合产品全生命周期数据,形成面向生产组织全过程的决策服务信息,为产品优化升级提供数据支撑。鼓励企业基于互联网开展故障预警、远程维护、质量诊断、远程过程优化等在线增值服务,拓展产品价值空间,实现从制造向"制造+服务"的转型升级。

(三)"互联网+"现代农业

利用互联网提升农业生产、经营、管理和服务水平,培育一批网络化、智能化、精细化的现代"种养加"生态农业新模式,形成示范带动效应,加快完善新型农业生产经营体系,培育多样化农业互联网管理服务模式,逐步建立农副产品、农资质量安全追溯体系,促进农业现代化水平明显提升(农业部、发展改革委、科技部、商务部、质检总局、食品药品监管总局、林业局等负责)。

1. 构建新型农业生产经营体系。鼓励互联网企业建立农业服务平台,支撑专业大户、家庭农场、农民合作社、农业产业化龙头企业等新型农业生产经营主体,加强产销衔接,实现农业生产由生产导向向消费导向转变。提高农业生产经营的科技化、组织化和精细化水平，推进农业生产流通销售方式变革和农业发展方式转变，提升农业生产效率和增值空间。规范用好农村土地流转公共服务平台，提升土地流转透明度，保障农民权益。

2. 发展精准化生产方式。推广成熟可复制的农业物联网应用模式。在基础较好的领域和地区，普及基于环境感知、实时监测、自动控制的网络化农业环境监测系统。在大宗农产品规模生产区域，构建天地一体的农业物联网测控体系，实施智能节水灌溉、测土配方施肥、农机定位耕种等精准化作业。在畜禽标准化规模养殖基地和水产健康养殖示范基地，推动饲料精准投放、疾病自动诊断、废弃物自动回收等智能设备的应用普及和互联互通。

3. 提升网络化服务水平。深入推进信息进村入户试点，鼓励通过移动互联网为农民提供政策、市场、科技、保险等生产生活信息服务。支持互联网企业与农业生产经营主体合作，综合利用大数据、云计算等技术，建立农业信息监测体系，为灾害预警、耕地质量监测、重大动植物疫情防控、市场波动预测、经营科学决策等提供服务。

4. 完善农副产品质量安全追溯体系。充分利用现有互联网资源，构建农副产品质量安全追溯公共服务平台，推进制度标准建设，建立产地准出与市场准入衔接机制。支持新型农业生产经营主体利用互联网技术，对生产经营过程进行精细化、信息化管理，加快推动移动互联网、物联网、二维码、无线射频识别等信息技术在生产加工和流通销售各环节的推广应用，强化上下游追溯体系对接和信息互通共享，不断扩大追溯体系覆盖面，实现农副产品"从农田到餐桌"全过程可追溯，保障"舌尖上的安全"。

（四）"互联网+"智慧能源

通过互联网促进能源系统扁平化，推进能源生产与消费模式革命，提高能源利用效率，推动节能减排。加强分布式能源网络建设，提高可再生能源占比，促进能源利用结构优化。加快发电设施、用电设施和电网智能化改造，提高电力系统的安全性、稳定性和可靠性（能源局、发展改革委、工业和信息化部等负责）。

1. 推进能源生产智能化。建立能源生产运行的监测、管理和调度信息公共服务网络，加强能源产业链上下游企业的信息对接和生产消费智能化，支撑电厂和电网协调运行，促进非化石能源与化石能源协同发电。鼓励能源企业运用大数据技术对设备状态、电能负载等数据进行分析挖掘与预测，开展精准调度、故障判断和预测性维护，提高能源利用效率和安全稳定运行水平。

2. 建设分布式能源网络。建设以太阳能、风能等可再生能源为主体的多能源协调互补的能源互联网。突破分布式发电、储能、智能微网、主动配电网等关键技术，构建智能化电力运行监测、管理技术平台，使电力设备和用电终端基于互联网进行双向通信和智能调控，实现分布式电源的及时有效接入，逐步建成开放共享的能源网络。

3. 探索能源消费新模式。开展绿色电力交易服务区域试点，推进以智能电网为配送平台，以电子商务为交易平台，融合储能设施、物联网、智能用电设施等硬件以及碳交易、互联网金融等衍生服务于一体的绿色能源网络发展，实现绿色电力的点到点交易及实时配送和补贴结算。进一步加强能源生产和消费协调匹配，推进电动汽车、港口岸电等电能替代技术的应用，推广电力需求侧管理，提高能源利用效率。基于分布式能源网络，发展用户端智能化用能、能源共享经济和能源自由交易，促进能源消费生态体系建设。

4. 发展基于电网的通信设施和新型业务。推进电力光纤到户工程，完善能源互联网信息通信系统。统筹部署电网和通信网深度融合的网络基础设施，实现同缆传输、共建共享，避免重复建设。鼓励依托智能电网发展家庭能效管理等新型业务。

（五）"互联网+"普惠金融

促进互联网金融健康发展，全面提升互联网金融服务能力和普惠水平，鼓励互联网与银行、证券、保险、基金的融合创新，为大众提供丰富、安全、便捷的金融产品和服务，更好地满足不同层次实体经济的投融资需求，培育一批具有行业影响力的互联网金融创新型企业（人民银行、银监会、证监会、保监会、发展改革委、工业和信息化部、网信办等负责）。

1. 探索推进互联网金融云服务平台建设。探索互联网企业构建互联网金融云服务平台。在保证技术成熟和业务安全的基础上，支持金融企业与云计算技术提供商合作开展金融公共云服务，提供多样化、个性化、精准化的金融产品。支持银行、证券、保险企业稳妥实施系统架构转型，鼓励探索利用云服务平台开展金融核心业务，提供基于金融云服务平台的信用、认证、接口等公共服务。

2. 鼓励金融机构利用互联网拓宽服务覆盖面。鼓励各金融机构利用云计算、移动互联网、大数据等技术手段，加快金融产品和服务创新，在更广泛地区提供便利的存贷款、支付结算、信用中介平台等金融服务，拓宽普惠金融服务范围，为实体经济发展提供有效支撑。支持金融机构和互联网企业依法合规开展网络借贷、网络证券、网络保险、互联网基金销售等业务。扩大专业互联网保险公司试点，充分发挥保险业在防范互联网金融风险中的作用。推动金融集成电路卡（IC卡）全面应用，提升电子现金的使用率和便捷性。发挥移动金融安全可信公共服务平台（MTPS）的作用，积极推动商业银行开展移动金融创新应用，促进移动金融在电子商务、公共服务等领域的规模应用。支持银行业金融机构借助互联网技术发展消费信贷业务，支持金融租赁公司利用互联网技术开展金融租赁业务。

3. 积极拓展互联网金融服务创新的深度和广度。鼓励互联网企业依法合规提供创新金融产品和服务，更好地满足中小微企业、创新型企业和个人的投融资需求。规范发展网络借贷和互联网消费信贷业务，探索互联网金融服务创新。积极引导风险投资基金、私募股权投资基金和产业投资基金投资于互联网金融企业。利用大数据发展市场化个人征信业务，加快网络征信和信用评价体系建设。加强互联网金融消费权益保护和投资者保护，建立多元化金融消费纠纷解决机制。改进和完善互联网金融监管，提高金融服务安全性，有效防范互联网金融风险及其外溢效应。

（六）"互联网+"益民服务

充分发挥互联网的高效、便捷优势，提高资源利用效率，降低服务消费成本。大力发展以互联网为载体、线上线下互动的新兴消费，加快发展基于互联网的医疗、健康、养老、教育、旅游、社会保障等新兴服务，创新政府服务模式，提升政府科学决策能力和管理水平（发展改革委、教育部、工业和信息化部、民政部、人力资源社会保障部、商务部、卫生计生委、质检总局、食品药品监管总局、林业局、旅游局、网信办、信访局等负责）。

1. 创新政府网络化管理和服务。加快互联网与政府公共服务体系的深度融合，推动公共数据资源开放，促进公共服务创新供给和服务资源整合，构建面向公众的一体化在线公共服务体系。积极探索公众参与的网络化社会管理服务新模式，充分利用互联网、移动互联网应用平台等，加快推进政务新媒体发展建设，加强政府与公众的沟通交流，提高政府公共管理、公共服务和公共政策制定的响应速度，提升政府科学决策能力和社会治理水平，促进政府职能转变和简政放权。深入推进网上信访，提高信访工作质量、效率和公信力。鼓励政府和互联网企业合作建立信用信息共享平台，探索开展一批社会治理互联网应用试点，打通政府部门、企事业单位之间的数据壁垒，利用大数据分析手段，提升各级政府的社会治理能力。加强对"互联网+"行动的宣传，提高公众参与度。

2. 发展便民服务新业态。发展体验经济，支持实体零售商综合利用网上商店、移动支付、智能试衣等新技术，打造体验式购物模式。发展社区经济，在餐饮、娱乐、家政等领域培育线上线下结合的社区服务新模式。发展共享经济，规范发展网络约租车，积极推广在线租房等新业态，着力破除准入门槛高、服务规范难、个人征信缺失等瓶颈制约。发展基于互联网的文化、媒体和旅游等服务，培育形式多样的新型业态。积极推广基于移动互联网入口的城市服务，开展网上社保办理、个人社保权益查询、跨地区医保结算等互联网应用，让百姓足不出户享受便捷高效的服务。

3. 推广在线医疗卫生新模式。发展基于互联网的医疗卫生服务，支持第三方机构构建医学影像、健康档案、检验报告、电子病历等医疗信息共享服务平台，逐步建立跨医院的医疗数据共享交换标准体系。积极利用移动互联网提供在线预约诊疗、候诊提醒、划价缴费、诊疗报告查询、药品配送等便捷服务。引导医疗机构面向中小城市和农村地区开展基层检查、上级诊断等远程医疗服务。鼓励互联网企业与医疗机构合作建立医疗网络信息平台,加强区域医疗卫生服务资源整合,充分利用互联网、大数据等手段,提高重大疾病和突发公共卫生事件防控能力。积极探索互联网延伸医嘱、电子处方等网络医疗健康服务应用。鼓励有资质的医学检验机构、医疗服务机构联合互联网企业,发展基因检测、疾病预防等健康服务模式。

4. 促进智慧健康养老产业发展。支持智能健康产品创新和应用,推广全面量化健康生活新方式。鼓励健康服务机构利用云计算、大数据等技术搭建公共信息平台,提供长期跟踪、预测预警的个性化健康管理服务。发展第三方在线健康市场调查、咨询评价、预防管理等应用服务,提升规范化和专业化运营水平。依托现有互联网资源和社会力量,以社区为基础,搭建养老信息服务网络平台,提供护理看护、健康管理、康复照料等居家养老服务。鼓励养老服务机构应用基于移动互联网的便携式体检、紧急呼叫监控等设备,提高养老服务水平。

5. 探索新型教育服务供给方式。鼓励互联网企业与社会教育机构根据市场需求开发数字教育资源,提供网络化教育服务。鼓励学校利用数字教育资源及教育服务平台,逐步探索网络化教育新模式,扩大优质教育资源覆盖面,促进教育公平。鼓励学校通过与互联网企业合作等方式,对接线上线下教育资源,探索基础教育、职业教育等教育公共服务提供新方式。推动开展学历教育在线课程资源共享,推广大规模在线开放课程等网络学习模式,探索建立网络学习学分认定与学分转换等制度,加快推动高等教育服务模式变革。

(七)"互联网+"高效物流

加快建设跨行业、跨区域的物流信息服务平台,提高物流供需信息对接和使用效率。鼓励大数据、云计算在物流领域的应用,建设智能仓储体系,优化物流运作流程,提升物流仓储的自动化、智能化水平和运转效率,降低物流成本(发展改革委、商务部、交通运输部、网信办等负责)。

1. 构建物流信息共享互通体系。发挥互联网信息集聚优势，聚合各类物流信息资源，鼓励骨干物流企业和第三方机构搭建面向社会的物流信息服务平台，整合仓储、运输和配送信息，开展物流全程监测、预警，提高物流安全、环保和诚信水平，统筹优化社会物流资源配置。构建互通省际、下达市县、兼顾乡村的物流信息互联网络，建立各类可开放数据的对接机制，加快完善物流信息交换开放标准体系，在更广范围内促进物流信息充分共享与互联互通。

2. 建设深度感知智能仓储系统。在各级仓储单元积极推广应用二维码、无线射频识别等物联网感知技术和大数据技术，实现仓储设施与货物的实时跟踪、网络化管理以及库存信息的高度共享，提高货物调度效率。鼓励应用智能化物流装备提升仓储、运输、分拣、包装等作业效率，提高各类复杂订单的出货处理能力，缓解货物囤积停滞瓶颈制约，提升仓储运管水平和效率。

3. 完善智能物流配送调配体系。加快推进货运车联网与物流园区、仓储设施、配送网点等信息互联，促进人员、货源、车源等信息高效匹配，有效降低货车空驶率，提高配送效率。鼓励发展社区自提柜、冷链储藏柜、代收服务点等新型社区化配送模式，结合构建物流信息互联网络，加快推进县到村的物流配送网络和村级配送网点建设，解决物流配送"最后一公里"问题。

（八）"互联网+"电子商务

巩固和增强我国电子商务发展领先优势，大力发展农村电商、行业电商和跨境电商，进一步扩大电子商务发展空间。电子商务与其他产业的融合不断深化，网络化生产、流通、消费更加普及，标准规范、公共服务等支撑环境基本完善（发展改革委、商务部、工业和信息化部、交通运输部、农业部、海关总署、税务总局、质检总局、网信办等负责）。

1. 积极发展农村电子商务。开展电子商务进农村综合示范，支持新型农业经营主体和农产品、农资批发市场对接电商平台，积极发展以销定产模式。完善农村电子商务配送及综合服务网络，着力解决农副产品标准化、物流标准化、冷链仓储建设等关键问题，发展农产品个性化定制服务。开展生鲜农产品和农业生产资料电子商务试点，促进农业大宗商品电子商务发展。

2. 大力发展行业电子商务。鼓励能源、化工、钢铁、电子、轻纺、医药等行业企业积极利用电子商务平台优化采购、分销体系，提升企业经营效率。推动各类专业市场线上转型，引导传统商贸流通企业与电子商务企业整合资源，积极向供应链协同平台转型。鼓励生产制造企业面向个性化、定制化消费需求深化电子商务应用，支持设备制造企业利用电子商务平台开展融资租赁服务，鼓励中小微企业扩大电子商务应用。按照市场化、专业化方向，大力推广电子招标投标。

3. 推动电子商务应用创新。鼓励企业利用电子商务平台的大数据资源，提升企业精准营销能力，激发市场消费需求。建立电子商务产品质量追溯机制，建设电子商务售后服务质量检测云平台，完善互联网质量信息公共服务体系，解决消费者维权难、退货难、产品责任追溯难等问题。加强互联网食品药品市场监测监管体系建设，积极探索处方药电子商务销售和监管模式创新。鼓励企业利用移动社交、新媒体等新渠道，发展社交电商、"粉丝"经济等网络营销新模式。

4. 加强电子商务国际合作。鼓励各类跨境电子商务服务商发展，完善跨境物流体系，拓展全球经贸合作。推进跨境电子商务通关、检验检疫、结汇等关键环节单一窗口综合服务体系建设。创新跨境权益保障机制，利用合格评定手段，推进国际互认。创新跨境电子商务管理，促进信息网络畅通、跨境物流便捷、支付及结汇无障碍、税收规范便利、市场及贸易规则互认互通。

（九）"互联网+"便捷交通

加快互联网与交通运输领域的深度融合，通过基础设施、运输工具、运行信息等互联网化，推进基于互联网平台的便捷化交通运输服务发展，显著提高交通运输资源利用效率和管理精细化水平，全面提升交通运输行业服务品质和科学治理能力（发展改革委、交通运输部共同牵头）。

1. 提升交通运输服务品质。推动交通运输主管部门和企业将服务性数据资源向社会开放，鼓励互联网平台为社会公众提供实时交通运行状态查询、出行路线规划、网上购票、智能停车等服务，推进基于互联网平台的多种出行方式信息服务对接和一站式服务。加快完善汽车健康档案、维修诊断和服务质量信息服务平台建设。

2. 推进交通运输资源在线集成。利用物联网、移动互联网等技术，进一步加强对公路、铁路、民航、港口等交通运输网络关键设施运行状态与通行信息的采集。推动跨地域、跨类型交通运输信息互联互通，推广船联网、车联网等智能化技术应用，形成更加完善的交通运输感知体系，提高基础设施、运输工具、运行信息等要素资源的在线化水平，全面支撑故障预警、运行维护以及调度智能化。

3. 增强交通运输科学治理能力。强化交通运输信息共享，利用大数据平台挖掘分析人口迁徙规律、公众出行需求、枢纽客流规模、车辆船舶行驶特征等，为优化交通运输设施规划与建设、安全运行控制、交通运输管理决策提供支撑。利用互联网加强对交通运输违章违规行为的智能化监管，不断提高交通运输治理能力。

（十）"互联网+"绿色生态

推动互联网与生态文明建设深度融合，完善污染物监测及信息发布系统，形成覆盖主要生态要素的资源环境承载能力动态监测网络，实现生态环境数据互联互通和开放共享。充分发挥互联网在逆向物流回收体系中的平台作用，促进再生资源交易利用便捷化、互动化、透明化，促进生产生活方式绿色化（发展改革委、环境保护部、商务部、林业局等负责）。

1. 加强资源环境动态监测。针对能源、矿产资源、水、大气、森林、草原、湿地、海洋等各类生态要素，充分利用多维地理信息系统、智慧地图等技术，结合互联网大数据分析，优化监测站点布局，扩大动态监控范围，构建资源环境承载能力立体监控系统。依托现有互联网、云计算平台，逐步实现各级政府资源环境动态监测信息互联共享。加强重点用能单位能耗在线监测和大数据分析。

2. 大力发展智慧环保。利用智能监测设备和移动互联网，完善污染物排放在线监测系统，增加监测污染物种类，扩大监测范围，形成全天候、多层次的智能多源感知体系。建立环境信息数据共享机制，统一数据交换标准，推进区域污染物排放、空气环境质量、水环境质量等信息公开，通过互联网实现面向公众的在线查询和定制推送。加强对企业环保信用数据的采集整理，将企业环保信用记录纳入全国统一的信用信息共享交换平台。完善环境预警和风险监测信息网络，提升重金属、危险废物、危险化学品等重点风险防范水平和应急处理能力。

3. 完善废旧资源回收利用体系。利用物联网、大数据开展信息采集、数据分析、流向监测，优化逆向物流网点布局。支持利用电子标签、二维码等物联网技术跟踪电子废物流向，鼓励互联网企业参与搭建城市废弃物回收平台，创新再生资源回收模式。加快推进汽车保险信息系统、"以旧换新"管理系统和报废车管理系统的标准化、规范化和互联互通，加强废旧汽车及零部件的回收利用信息管理，为互联网企业开展业务创新和便民服务提供数据支撑。

4. 建立废弃物在线交易系统。鼓励互联网企业积极参与各类产业园区废弃物信息平台建设，推动现有骨干再生资源交易市场向线上线下结合转型升级，逐步形成行业性、区域性、全国性的产业废弃物和再生资源在线交易系统，完善线上信用评价和供应链融资体系，开展在线竞价，发布价格交易指数，提高稳定供给能力，增强主要再生资源品种的定价权。

（十一）"互联网+"人工智能

依托互联网平台提供人工智能公共创新服务，加快人工智能核心技术突破，促进人工智能在智能家居、智能终端、智能汽车、机器人等领域的推广应用，培育若干引领全球人工智能发展的骨干企业和创新团队，形成创新活跃、开放合作、协同发展的产业生态（发展改革委、科技部、工业和信息化部、网信办等负责）。

1. 培育发展人工智能新兴产业。建设支撑超大规模深度学习的新型计算机群，构建包括语音、图像、视频、地图等数据的海量训练资源库，加强人工智能基础资源和公共服务等创新平台建设。进一步推进计算机视觉、智能语音处理、生物特征识别、自然语言理解、智能决策控制以及新型人机交互等关键技术的研发和产业化,推动人工智能在智能产品、工业制造等领域规模商用,为产业智能化升级夯实基础。

2. 推进重点领域智能产品创新。鼓励传统家居企业与互联网企业开展集成创新,不断提升家居产品的智能化水平和服务能力,创造新的消费市场空间。推动汽车企业与互联网企业设立跨界交叉的创新平台,加快智能辅助驾驶、复杂环境感知、车载智能设备等技术产品的研发与应用。支持安防企业与互联网企业开展合作,发展和推广图像精准识别等大数据分析技术,提升安防产品的智能化服务水平。

3. 提升终端产品智能化水平。着力做大高端移动智能终端产品和服务的市场规模,提高移动智能终端核心技术研发及产业化能力。鼓励企业积极开展差异化细分市场需求分析,大力丰富可穿戴设备的应用服务,提升用户体验。推动互联网技术以及智能感知、模式识别、智能分析、智能控制等智能技术在机器人领域的深入应用,大力提升机器人产品在传感、交互、控制等方面的性能和智能化水平,提高核心竞争力。

我国体育产业信息网站运营模式研究

附录三 体育发展"十三五"规划(节选)

"十三五"时期是全面建成小康社会的决胜阶段,是协调推进"四个全面"战略布局,实现中华民族伟大复兴"中国梦"的重要时期,也是体育发展重要战略机遇期和筹办2022年北京冬奥会、冬残奥会的重要时期。为促进我国体育全面、协调、可持续发展,努力实现建设体育强国的目标,充分发挥体育在建设健康中国、推动经济转型升级、增强国家凝聚力和文化竞争力等方面的独特作用,根据党中央、国务院的总体部署和"十三五"时期我国体育发展面临的新形势、新任务、新要求,制定本规划。

一、"十二五"时期我国体育发展情况和"十三五"时期面临的形势

(一)"十二五"时期我国体育发展取得显著成就

党中央、国务院高度重视体育工作,特别是党的十八大以来,习近平总书记对体育工作多次发表重要讲话、做出重要批示和指示,对体育工作进行了一系列精辟论述,成为推动"十二五"时期体育发展的强大动力。各级政府对体育事业的投入不断加大,全社会参与体育的热情日益高涨,体育在实现中华民族伟大复兴"中国梦"和全面建成小康社会中的作用进一步显现。党中央、国务院的重大决策部署极大地激发了体育事业发展活力,北京成功获得2022年冬奥会举办权,中央全面深化改革领导小组审议通过了《中国足球改革发展总体方案》,足球改革发展的体制机制和政策措施实现了重大突破,国务院颁布实施了《全民健身计划(2011~2015年)》,印发了《关于加快发展体育产业 促进体育消费的若干意见》,体育发展获得重大机遇。体育各领域改革力度持续加大,实施行政审批制度改革,取消群众性和商业性体育竞赛活动审批,出台了《中国足球协会调整

改革方案》，中国足球协会与体育总局脱钩，全国性单项体育协会改革试点稳步推进，启动了第一批14个全国性体育协会与体育总局的脱钩改革试点工作，全国综合性和单项体育赛事管理制度改革不断深化，改革了全运会计分政策和比赛成绩的公布方式。全民健身上升为国家战略，公共体育服务体系建设速度加快，全民健身意识极大增强，组织网络日趋完善，活动形式呈多样化，包括青少年在内的群众体育蓬勃发展。截至2014年底，全国经常参加体育锻炼的人数达到33.9%，城乡居民达到《国民体质测定标准》合格以上的人数是89.6%，人均体育场地面积达到1.5平方米。竞技体育综合实力和国际竞争力进一步增强，优势项目继续保持和巩固，潜优势项目有所提升，田径、游泳等基础大项进步明显，冬季项目稳步发展。"十二五"期间我国运动员共获得世界冠军596个，创、超世界纪录57次。中国体育代表团在伦敦奥运会取得境外参赛最好成绩，在索契冬奥会实现冬奥会基础大项金牌"零的突破"。全面贯彻落实《国务院关于加快发展体育产业　促进体育消费的若干意见》，体育产业规模逐步扩大，体育消费明显增加，2014年体育产业总规模达到13574亿元，产业结构持续优化，产业体系日趋完善，产业政策不断健全，与文化、旅游、医疗、养老、互联网等领域的互动融合日益加深。体育文化在体育发展中的地位进一步提高，体育对外交往进一步深化拓展，体育行业作风建设和反腐倡廉工作明显推进，体育法治、科技、人才、教育和宣传等工作不断开创新局面。

（二）"十三五"时期我国体育发展存在的矛盾与问题

"十三五"时期，我国体育发展将进入更加严峻的改革攻坚期。体育领域改革创新与体育强国建设的总体目标仍不相适应，体育与经济社会协调发展的机制有待进一步健全，人民群众日益增长的多元化、多层次体育需求与体育有效供给不足的矛盾依然突出。一些长期制约体育事业发展的薄弱环节和突出问题依然严峻：体育管理体制的改革尚需深化，体育发展方式亟须转变，管办不分、政社不分、事社不分的体制弊端遏制了体育发展活力，调动社会力量参与体育的政策措施尚不完善。体育社会化水平不高，基层体育社会组织发展滞后，支持培育体育社会组织发展的机制仍需进一步建立健全，全民健身公共服务体系有待进一步完善。竞技体育结构布局还不够科学合理，一些影响广泛的基础大项和集体球类项目水平较低，职业体育的快速发展迫切需要建立完善与之相适应的体制机制。体育产业总体规模不大与结构不完善并存，体育服务业比例偏低、种类偏少。体育文化在社会主义核心价值体系建设中的作用未能有效发挥，体育的多元价值有待深入挖掘。体育人才队伍建设还不能适应快速发展的形势，高素质复合型的体育管理人才依然缺乏。

（三）"十三五"时期我国体育发展面临的机遇

以习近平同志为总书记的党中央把体育作为中华民族伟大复兴的一个标志性事业，"十三五"时期党和国家对体育的重视与支持将更加有力，为体育繁荣发展提供了重要机遇。全面建成小康社会将为体育发展开辟新的空间，体育在增强人民体质、服务社会民生、助力经济转型升级中的作用更加突出，经济发展新常态和体育供给侧结构性改革对体育与经济社会的协调发展提出了要求，体育产业作为新兴产业、绿色产业、朝阳产业，完全有条件和有潜力成为未来我国经济发展新的增长点，体育消费对经济发展的贡献将不断增强。建设健康中国、全民健身上升为国家战略，将为体育发展提供新机遇，将不断满足广大人民群众对健康更高层次的需求，进一步营造崇尚运动、全民健身的良好氛围，推动体育融入生活，培育健康绿色生活方式，增强人民群众的幸福感和获得感，有效提高全民族健康水平。全面深化改革和依法治国的战略部署将为体育改革增添新动力，事业单位分类改革和体育社会组织改革的整体推进将进一步消除制约各类体育社会组织发展的体制与机制障碍，体育组织化水平和社会化程度将快速提升。信息化、全球化、网络化交织并进，为体育各领域的改革和发展提供了技术新引擎，"中国制造2025"、"互联网+"行动计划、大众创业、万众创新为体育发展激发新活力，体育与政治、经济、社会和文化将产生更加积极、全面的互动。新型外交战略将为展现体育文化软实力提供广阔舞台，筹办2022年北京冬奥会等国际大赛将不断提升中国体育的国际影响力，我国冰雪体育运动和冰雪产业将迎来快速发展新时期。把握"十三五"时期体育发展机遇，必须更新理念，拓宽视野，坚定不移地深化改革，扎实推进各项工作，在新的更高起点上推动我国体育全面协调可持续发展。

二、"十三五"时期体育发展的指导思想、基本原则、发展目标和发展理念

（四）"十三五"时期体育发展的指导思想

高举中国特色社会主义伟大旗帜，全面贯彻党的十八大和十八届三中、四中、五中全会精神，以马克思列宁主义、毛泽东思想、邓小平理论、"三个代表"重要思想、科学发展观为指导，深入贯彻习近平总书记系列重要讲话精神，解放思想、深化改革、开拓创新、激发活力，把增进人民福祉、促进人民的全面发展作为体育发展的出发点和落脚点，坚持建设体育强国的战略定位，实施全民健身国家战略，推进健康中国建设，坚定不移地走中国特色社会主义体育发展道路，创新体育发展方式，全面提升体育治理体系与治理能力现代化水平，努力将体育建设成为中华民族伟大复兴的标志性事业。

（五）"十三五"时期体育发展的基本原则

——坚持以人为本。必须牢固树立以人民为中心的发展思想，以保障人民群众的体育权益为着眼点，充分调动人民参与体育的积极性、主动性、创造性，进一步激发和调动各方活力，不断满足人民群众日益增长的多元化体育需求。

——坚持科学发展。必须从中国体育发展实际出发，遵循现代体育发展内在规律，顺应社会发展新趋势，加快转变体育发展方式，实现体育更高质量、更有效率、更加公平、更可持续的发展。

——坚持深化改革。必须始终坚持以改革促发展，破除体制机制障碍，充分发挥市场在体育资源配置中的决定性作用并更好地发挥政府作用，积极培育社会力量参与体育发展，不断完善中国特色体育发展道路。

——坚持依法治体。必须进一步强化法治理念，坚持依法决策、依法行政、严格执法，把体育发展纳入法制轨道，加快建设中国特色体育法治体系，切实保障公民体育权利。

——坚持党的领导。必须认真落实党中央、国务院发展体育工作的一系列指示精神，进一步把思想和行动统一到党和国家对体育发展的战略部署上，全面贯彻从严治党要求，坚定不移地推进反腐倡廉，加强体育队伍思想政治与行风建设，积极应对各种风险挑战，为体育改革与发展提供更为坚实的政治保障。

（六）"十三五"时期体育发展的主要目标

根据全面建成小康社会的总体部署、实现体育强国的战略目标和建设健康中国的任务要求，深化体育重点领域改革，促进群众体育、竞技体育、体育产业、体育文化等各领域全面协调可持续发展，推进体育发展迈上新台阶。

——体育重点领域改革取得新突破，体制机制创新取得新成果。加快政府职能转变，推进足球项目改革试点，加速职业体育发展，创新体育社会组织管理和体育场馆运营，逐步完善与经济社会协调发展的体育管理体制和运行机制，基本形成现代体育治理体系。

——全民健身国家战略深入推进，群众体育发展达到新水平。《全民健身计划（2016~2020年）》有效实施，全民健身公共服务体系日趋完善，人民群众健身意识普遍增强，身体素质逐步提高。到2020年，经常参加锻炼的人数将达到4.35亿，人均体育场地面积将达到1.8平方米。

——竞技体育发展方式有效转变，综合实力和国际竞争力进一步增强。项目结构不断优化，发展质量和效益显著提高。2016年里约奥运会努力保持和巩固既有运动项目优势与成绩地位。2018年平昌冬奥会在保持水平的基础上，扩大参赛规模，成绩稳中有升，追求超越。2020年东京奥运会，努力争取运动成绩领先地位。

——体育产业规模和质量不断提升，体育消费水平明显提高。到2020年，全国体育产业总规模将超过3万亿元，体育产业增加值的年均增长速度将明显快于同期经济增长速度，在国内生产总值中的比重将达到1%，体育服务业增加值占比将超过30%。体育消费额占人均居民可支配收入比例将超过2.5%。

——体育文化在体育发展中的影响进一步扩大，在培育社会主义核心价值观中的作用更加突出。培育运动项目文化，力争打造一批高质量的体育文化精品工程，办好一批社会效益显著的体育文化品牌活动，把丰富多彩的体育文化理念融入体育事业发展的各个环节，为精神文明建设增添力量。

（七）"十三五"时期体育发展的基本理念

——创新发展。把创新作为推进体育发展的强大驱动力，充分激发各类主体的创新活力，积极推进理论创新、制度创新、科技创新、文化创新，推动体育领域大众创业、万众创新，探索体育发展新模式。

——协调发展。积极推动体育与经济社会的协调发展，不断增强各项体育工作的系统性和协同性，促进体育事业与体育产业协调发展、群众体育与竞技体育全面发展，推动城乡体育均衡发展、区域体育联动发展。

——绿色发展。充分发挥体育行业绿色低碳优势，服务于健康中国建设，倡导健康生活方式，推进健康关口前移，延长健康寿命，提高生活品质。倡导体育设施建设和大型活动节能节俭，挖掘体育在建设资源节约型、环境友好型社会中的潜力。

——开放发展。加强体育和社会相关领域的融合与协作，积极吸引社会力量共同参与体育发展。加强体育对外交往，积极借鉴国际体育发展先进理念与方式，提升在国际体育事务中的话语权。

——共享发展。加快完善体育共建共享机制，着力推进基本公共体育服务均等化，使全体人民在体育参与中增强体育意识，享受体育乐趣，提升幸福感，做到体育发展为了人民，体育发展依靠人民，体育发展成果由人民共享。

三、深化重点领域改革创新,增强体育发展活力

(八) 加快政府职能转变

进一步厘清体育行政部门权力边界,减少审批事项,放宽市场准入,实施负面清单管理模式,加强事中事后监管。研究制定体育工作综合评价体系,从群众体育、竞技体育、体育产业、体育文化等方面综合评价政府体育工作。进一步健全政府购买体育服务体制机制,完善资金保障、监督管理、绩效评价等配套政策,制定政府购买体育服务指导性目录,把适合由市场和社会承担的体育服务事项,按照法定方式和程序,交由具备条件的社会组织和企事业单位承担,逐步构建多层次、多方式的体育服务供给与保障体系。

(九) 创新体育社会组织管理

研究制定体育社会组织改革相关政策,大力引导、培育、扶持体育社团、体育民办非企业单位、体育基金会等体育社会组织发展,创新体育社会组织管理方式。落实《行业协会商会与行政机关脱钩总体方案》,稳步推进全国性体育社会组织改革试点工作,统筹解决试点工作中的重点难点问题,及时总结和推广改革试点经验,推动各级各类体育社会组织改革。

(十) 推进职业体育改革

积极探索社会主义市场经济条件下职业体育的发展方式,鼓励具备条件的运动项目走职业化道路,稳步推进职业体育发展。完善职业体育的政策制度体系,扩大职业体育社会参与,鼓励发展职业联盟,逐步提高职业体育的成熟度和规范化水平。健全职业体育法律、法规,推进体育信用体系建设,优化和规范职业体育发展环境。依法明确职业体育发展的主体,厘清各利益主体间的关系,切实维护各方合法权益。改进职业联赛决策机制,不断完善和建设中国特色职业体育联赛制度。

(十一) 实施足球改革

落实《中国足球改革发展总体方案》和《中国足球协会调整改革方案》,充分发挥体育行政部门在宏观管理、基本建设、政策规范、市场秩序等方

面的基础保障、服务、引导和监管作用,中国足球协会切实履行领导和治理中国足球的任务。与有关部门配合,加强足球场地设施建设,继续推进校园足球发展。以青少年为重点,普及发展社会足球,不断扩大足球人口规模,夯实足球发展基础。改进足球竞赛体系和职业联赛体制。完善职业足球俱乐部的法人治理结构,加快现代企业制度建设,充分发挥俱乐部的市场主体作用。探索职业足球背景下国家队建设规律,处理好国家队、联赛、青少年足球发展的关系,统筹资源,协调利益,凝聚为国争光的共识。

(十二)创新体育场馆运营

积极推进体育场馆管理体制改革和运营机制创新,引入和运用现代企业制度,激发场馆活力,探索大型体育场馆所有权与经营权分离。完善政府购买体育场馆公益性服务的机制和标准,健全体育场馆公益性开放评估体系。推行场馆设计、建设、运营管理一体化模式,将办赛需求与赛后综合利用有机结合。鼓励场馆运营管理实体通过品牌输出、管理输出、资本输出等形式实现规模化、专业化运营。增强大型体育场馆复合经营能力,拓展服务领域,延伸配套服务,打造城市体育服务综合体。

四、扩大体育产品和服务供给,促进体育消费(原文第七项)

(十三)调整体育产业结构(原文第二十九项)

进一步优化体育服务业、体育用品制造业及相关产业结构,实施体育服务业精品工程、体育用品制造业创新提升工程和体育产业融合发展工程。加快体育产业要素结构升级,培育专业人才、品牌、知识产权等高级要素。以足球、冰雪等重点运动项目为纽带,通过制定发展专项规划、开展青少年技能培养、完善职业联赛等手段,探索运动项目的产业化发展道路。大力发展"体育+",积极拓展体育新业态。引导和支持"互联网+体育"发展,鼓励开发以移动互联网为主体的体育生活云平台及体育电商交易平台。与旅游部门共同研制《体育旅游发展纲要》,开展全国体育旅游精品项目推介,打造一批体育旅游重大项目。

(十四) 优化体育产业空间布局 (原文第三十项)

围绕"一带一路"、"京津冀协同发展"、"长江经济带"三大国家战略，加快国家体育产业基地建设，合理规划布局全国体育产业发展。积极推进区域体育产业协同发展，加强京津冀、长三角、珠三角以及海峡两岸等体育产业圈建设。充分挖掘中西部地区体育产业的资源优势，鼓励各地因地制宜发展区域特色产业，形成东部、中部、西部体育产业良性互动格局。联合发展改革部门，继续加强对全国35个体育产业联系点城市、10个联系点单位的政策指导，督促相关地区和单位切实做好联系点组织实施工作，加快出台一批可复制、可推广的政策创新成果，为全国体育产业发展提供引导经验。

专栏：国家体育产业基地建设计划

统筹协调不同类型、不同区域、不同领域的体育产业基地发展，构建特色鲜明、类型多样、结构合理的国家体育产业基地布局，加快足球、冰雪等项目国家体育产业基地建设。

进一步优化国家体育产业基地管理，树立国家体育产业基地品牌，全面提升国家体育产业基地品质及管理规范化水平。

"十三五"期间，在全国建立50个产业规模较大、集聚效应明显的县域国家体育产业示范基地，100个具有较高知名度和国际影响力的国家体育产业示范单位，100个特色鲜明、市场竞争力较强的国家体育产业示范项目。

(十五) 培育体育市场主体 (原文第三十一项)

着力扶持、培育一批有自主品牌、创新能力和竞争实力的骨干体育企业。深化体育类国有企业改革，提升体育产业领域中国有资产的价值。引导有实力的体育企业以资本为纽带，实行跨地区、跨行业、跨所有制的兼并、重组、上市。鼓励体育优势企业、优势品牌和优势项目"走出去"。积极支持体育产业的海外并购，鼓励吸引国际体育组织或体育企业、国际体育学校落户中国。全面落实国家扶持中小微企业发展的政策措施,积极扶持中小微体育企业发展,鼓励成立各类体育产业孵化平台,为体育领域的大众创业、万众创新提供环境。充分利用认证认可手段,为体育产业创新发展提供技术支撑。转变监管理念,加强对体育市场的事中事后监管,强化社会监督。

专栏:体育市场主体培育计划

鼓励有条件的省市设立体育发展专项资金,对符合条件的企业及社会组织给予项目补助、贷款贴息和奖励;引导已设立体育发展专项资金的省市进一步优化资金使用方向、创新资金使用方式,提高资金使用效益。政府引导,设立由社会资本筹资的中国体育产业投资基金。

加快体育资源交易平台建设,推进赛事举办权、场馆经营权、无形资产开发等具备交易条件的资源公平、公正、公开流转。

筹建体育产业信息服务平台,培育一批服务于体育产业的金融市场主体,丰富多元化的金融产品和服务供给,构建便捷的体育产业投融资渠道。

(十六)扩大体育产品供给(原文第三十二项)

推广运用政府和社会资本合作模式,加大财政金融扶持力度,支持社会力量进入体育产业领域,建设体育设施,开发体育产品,提供体育服务。联合发展改革、财政等部门,根据关于加快推进健康与养老服务工程建设的相关要求,放宽市场准入,发挥政府购买服务等支持作用,进一步丰富体育服务供给。引导企业增加科技投入,加大自主研发和科技成果转化,开发科技含量高、拥有自主知识产权的产品,培育一批具有自主知识产权的体育用品知名品牌,重点支持可穿戴运动设备和智能运动装备的研发与制造。

(十七)引导体育消费(原文第三十三项)

鼓励各地研究制定引导体育消费的政策措施,有条件的地区可以探索面向特定人群或在特定时间试行发放体育消费券。加强体育场馆等体育消费基础设施建设与改造，引导社会力量盘活存量资源，改造旧厂房、仓库、老旧商业设施等用于体育健身，鼓励机关、学校等企事业单位的体育场馆设施向社会开放。推动体育企业与移动互联网的融合，积极利用大数据、云计算、智能硬件和各类主题APP拓展客户，提升体育营销的针对性和有效性。总结和推广各地鼓励大众体育消费的先进经验。

（十八）做好体育彩票工作（原文第三十四项）

坚持国家彩票的方向，把握安全运营的生命线，全力做好体育彩票各项工作。转变发展理念和发展方式，大力强化体育彩票的公益属性、提高发展质量，增强公信力建设。狠抓依法治彩，继续贯彻《彩票管理条例》，进一步完善各项市场管理制度。加快建立健全与彩票管理体制匹配的运营机制。加快体育彩票创新步伐，积极研究推进发行以中国足球职业联赛为竞猜对象的足球彩票。适应发展趋势，完善销售渠道，稳步扩大市场规模。加强公益金的使用管理绩效评价，不断提升体育彩票的社会形象。

名词解释

国家体育产业基地。指由国家体育总局命名或认定的，在体育产业发展方面具备相当基础、规模和特色的地区，在体育产业重点领域具有较大影响力和较强竞争力的单位或机构。国家体育产业基地包括三种类型：一是以地区（县或县域集群、不设区的市、市辖区）为单位，命名为"（地区名称）国家体育产业基地"；二是以体育产业重点领域的知名企业或机构为单位，认定为"国家体育产业示范单位"；三是以持续运营的优秀体育产业活动或项目为单位，认定为"国家体育产业示范项目"。

体育产业投资基金。《国务院关于加快发展体育产业 促进体育消费的若干意见》中明确提出"政府引导，设立由社会资本筹资的体育产业投资基金"。体育产业投资基金是体育投融资机制创新，即在政府引导下，通过市场的手段将分散的社会资本汇聚起来，由专业化的投资管理机构进行运作。

体育发展专项资金。《国务院关于加快发展体育产业 促进体育消费的若干意见》中提出"有条件的地方可设立体育发展专项资金，对符合条件的企业、社会组织给予项目补助、贷款贴息和奖励"。体育发展专项资金是由地方各级政府结合自身经济实力和体育产业发展状况自行设立的财政扶持性资金。资金由地方财政解决，没有强制要求，也没有统一标准，重点用于引导、培育、扶持区域内体育产业项目、企业、社会组织等。

国家体育产业联系点。指国家根据体育产业发展环境、体育产业体系、体育产业发展基础，选择一批有特点、有代表性的项目和区域建立体育产业联系点，在优化产业结构、完善产业政策、打造市场环境等方面开展先行先试，形成一批效益显著的特色产业、优势项目和赛事品牌，发挥区域辐射和产业扩散效应，为全国体育产业发展提供示范经验。

可穿戴式运动设备。指应用穿戴式技术对日常穿戴进行智能化设计，开发出可以在运动中穿戴的设备，如眼镜、手表、服饰及鞋子等，为使用者提供各种运动数据。

附录四 2015中国"互联网+体育"报告（节选）
——艾瑞咨询

一、报告摘要

（一）互联网体育产业发展概况

互联网体育行业多用户、强扶持，未来产值发展空间大。

1. 行业背景

（1）体育产业 2013 年总产值为 1.1 万亿元，占 GDP 的 0.63%，3 年复合增长率为 17.2%。

（2）体育产业用品 2013 年增加 2418 亿元，3 年复合增长率为 9.3%。

（3）中央设立 2025 年体育产业产值增长到 5 万亿元，人均体育场地面积达到 2 平方米，经常参加体育锻炼的人数达到 5 亿人的目标。

2. 产业现状

（1）PC 端互联网体育月度平均覆盖人数超 2.7 亿人，人均月浏览时长为 52.8 分钟。

（2）PC 端互联网体育月度平均观看人数为 8258 万人，人均月观看时长为 18.4 分钟。

（3）PC 互联网体育用户参透率达 30%，体育 APP 用户参透率为 26%。

（二）体育用户"痛点"突出

体育用户参与热情高，部分"痛点"需要互联网帮助解决。

1. 体育观看

（1）球类运动成为最受欢迎的观看项目（篮球 54.3%、足球 53.1%），群众基础雄厚。

（2）现场观战模式持续升温（50.5%的观看者曾去现场看过比赛）。

（3）球票市场网络化进展顺利（49.2%的用户通过网络购买体育门票）。

（4）体育观看用户需求多样化（93.3%的用户希望看到更多素材的视频）。

2. 体育参与

（1）体育参与者消费力强、学习诉求高（80%有体育消费行为，73.6%有体育学习诉求）。

（2）体育消费者总体满意度低（仅14.4%的用户对消费体验感到满意）。

（3）跑步运动成为参与度最高的体育项目（44.2%）。

（4）用户对运动环境现状满意度低（94.5%的用户对运动环境现状表示不满）。

3. 全民健身

（1）国内体育用户中有健身行为的用户占比逐年提高（21%）。

（2）收费制健身用户占比低（26.7%）。

（3）健身私教聘用率不足三成（34.9%），用户满意度低（20.3%）。

（4）健身馆总体满意度低（2.5%），收费过高成为最大问题。

4. 智能穿戴

（1）智能穿戴设备市场普及率高（40.3%的体育用户曾使用过）。

（2）智能穿戴设备用户的用户黏性偏低（46.2%的用户难以坚持使用）。

（3）女性用户对智能穿戴设备比男性更感兴趣。

（三）互联网体育未来发展十大趋势

未来互联网为赛事组织、观看体育参与等提供支持。

（1）虚拟现实技术低成本解决观看和训练实景感难题。

（2）第一视角的观赛体验，仿佛身临其境。

（3）竞技大数据让观赛者更加心中有数。

（4）互联网通过聚合大众力量实现赛事组织的根本变革。

（5）智能球场让普通人体验明星的感觉，获得丰富的数据。

（6）体育场馆信息聚合、定价和预订。

（7）智能体育硬件为运动插上数据的翅膀。

（8）体感技术为在线教学提供互动支持。

（9）根据数据定制并在线生成与跟踪的训练/饮食计划。

（10）通过互联网随叫随到的运动护理。

二、中国互联网体育发展背景分析

（一）中国体育产业发展分析

体育产业高速增长，但与发达国家仍有差距。2013年，中国体育产业产值达1.1万亿元，增加值达3575亿元，相对2010年复合增长率为17.2%。体育产业增加值占当年GDP的比例为0.63%，与美国同期3%的GDP占比相比仍较低，但仍保持持续上升势头。2014年，中国体育用品产业增加值为2418亿元，较2010年复合增长率为9.3%，占体育产业比例仍较高。

（二）中国体育竞赛发展分析

国内竞技体育联赛关注度高但运营成熟度低。中国足球超级联赛作为中国竞技体育比赛的代表，其运营能力与世界顶尖联赛相比仍有较大的差距。在有较好的群众基础，场均观战人数达1.8万人的良好市场下，中超2014年的转播权收入不足5000万元，场均转播收入仅为15万元。同时，球员的薪资却高达17.8亿元，多数俱乐部入不敷出，长期处于净投入状态，相比之下，英超联赛在转播收入和球员薪资方面则较为平衡。

（三）中国体育政策分析

政策为国内体育振兴助力，5万亿元产值，5亿体育人口可期待。《关于加快发展体育产业　促进体育消费的若干意见》提出，2025年体育产业产值将达到5万亿元的目标，人均体育场地面积将达到2平方米，经常参加体育锻炼的人数将达到5亿人，体育公共服务基本覆盖全民。中国足球改革总体方案目标包括申办男足世界杯、国家男足进入世界强队行列。2015年4月30日，中国足球改革领导小组正式成立，由国务院副总理刘延东担任组长。

三、中国互联网体育产业分析

(一) 中国互联网体育用户规模分析

PC 端互联网体育覆盖人群超过 2.7 亿人,人均月度浏览时长 52.8 分钟。在移动端,体育是新闻、视频、电商等 APP 的重要内容题材,依托移动端较好的传感器资源,市场上出现了一大批运动记录、分享 APP,丰富和便利了人们的体育活动。

(二) 中国互联网体育驱动因素分析

互联网在信息沟通、社交、数据采集上助力体育。

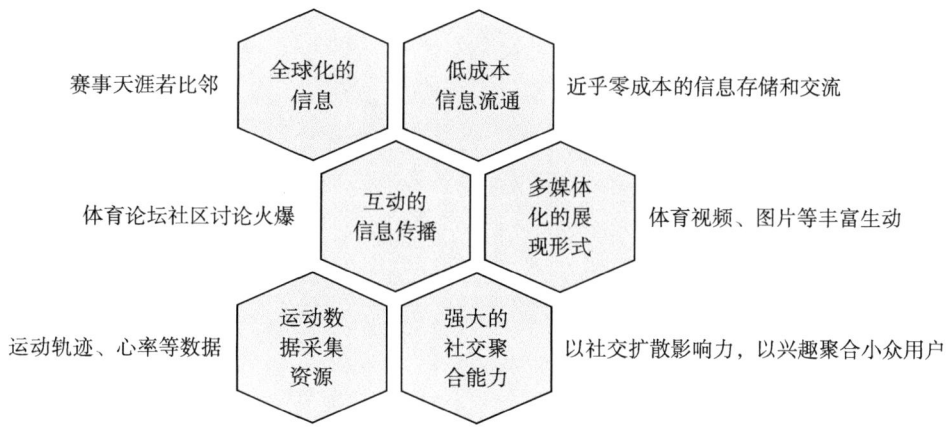

图 1 中国互联网体育驱动因素

我国体育产业信息网站运营模式研究

(三) 中国互联网体育产业图谱

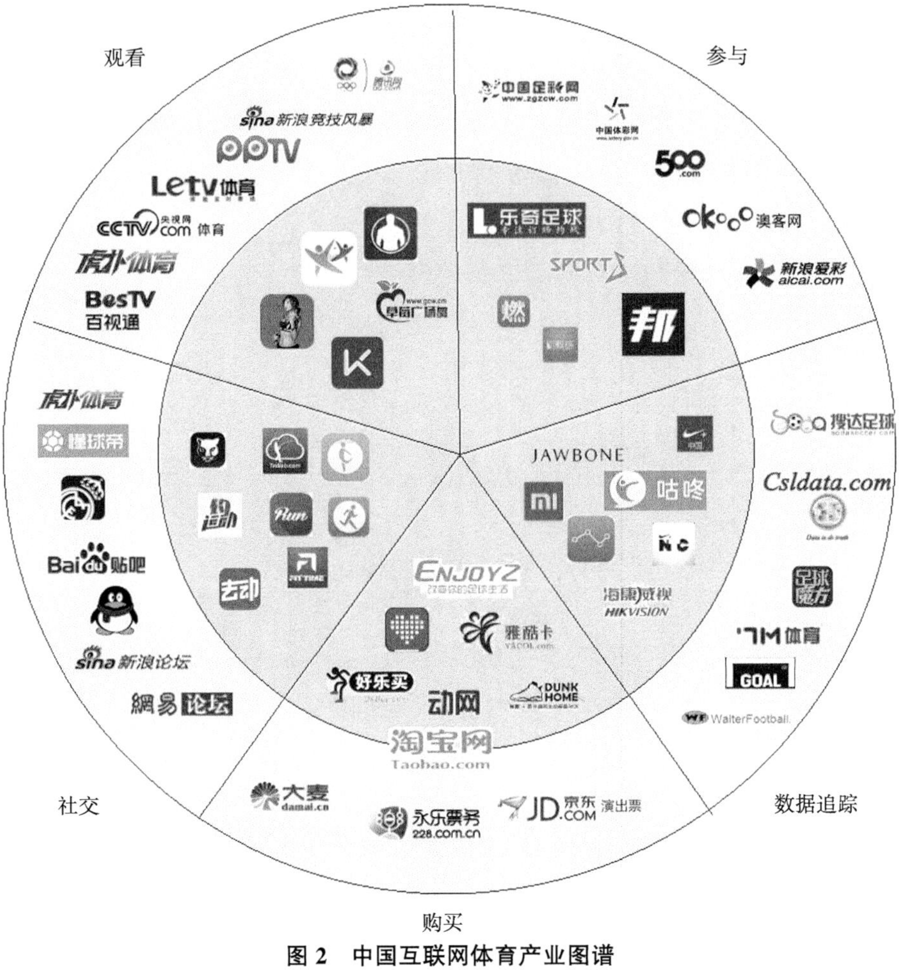

图 2 中国互联网体育产业图谱

(四) 中国互联网体育图谱

中国互联网体育图谱主要表现为"传统体育公司+互联网"。

图 3　中国互联网体育图谱

四、传统体育产业痛点与互联网解决之道

（一）中国互联网体育人群画像

1. 基本属性画像

（1）家庭平均月收入：6280.4 元。

（2）个人平均月收入：2424.8 元。

（3）大学本专科占比：79.3%。

（4）三本及以下占比：60.9%。

（5）30 岁以下占比：59.3%。

（6）已婚占比：51.1%。

（7）男性占比：61.1%

2. 互联网体育人群中天秤、处女、天蝎星座最多

（二）体育观看分析

2015 年，用户平时最爱收看的体育赛事 Top5：足球、篮球、小球类、水上运动、赛车相关赛事。

1. 痛点——"现场观看综合成本太高"

金钱、时间、交通成本过高成为现场观战阻碍。

"现场观战成本高"痛点解决:线上约看球模式低成本模拟现场氛围、增强观看体验。

2.痛点——"购票难、购票贵"

49.4%的现场观战用户对购票最不满意。

"购票难、购票贵"痛点解决:网购门票正逐步替代传统购票。

3.痛点——"直播之外的观看需求未满足"

赛事集锦、技术分析、明星回顾均有旺盛的观看需求。

"直播之外观看需求未满足"痛点解决:体育视频门户丰富的点播视频满足差异化需求。

4.痛点——"网络直播不流畅、节目少"

超过60%的用户认为网络直播卡顿、节目覆盖率低。

"网络直播不流畅、节目少"痛点解决:信息整合平台整合全网直播资源,解决节目少的问题。信息整合平台:平台本身不生产制作任何节目,而是专注于收集网络体育赛事直播网址。在信息整合平台的辅助下,网友不会错过自己感兴趣的直播赛事。

(三)体育参与分析

全民体育参与项目情况分析:跑步成为全民第一运动,篮球、足球参与度不足两成。全民体育频率分析:每周运动是主流。全民体育人群关注点分析:"时间、地点、人物"是运动参与者最关心的三大因素。

1.痛点——"运动时间宝贵,需提高效率"

近两成用户选择加入业余运动社团以提高自身运动效率。

2.痛点——"租费贵、设施差、交通不便"

3.痛点——"约球难"网络约球用户仅占三成

"约球难"痛点解决:用互联网实现时间、地点、人物的匹配,约战平台让用户有机会在合适的时间、方便的地点与满意的人物一起运动。

(四)体育消费与学习行为

近八成用户有体育消费行为和学习需求。超过八成用户对体育消费不满,缺乏购物指导最突出。

1. 体育消费中痛点解决

借助互联网实现线上咨询推广，线下体验交割，信息更透明。

2. 体育学习痛点——"价格虚高"

体育学习中痛点解决：体育教学O2O，打破传统体育教学限制。体育教学O2O模式：让用户在线上体验课程、挑选课程并在线下教学的学习模式。这种模式让用户有机会在充分了解课程体系后再做消费购买。

（五）健身活动分析

1. 健身人群分析

（1）免费健身用户占主导，在体育用户中有健身行为的用户占比约为21%。

（2）"便捷"、"廉价"成为免费健身群体的两大诉求。

2. 痛点及解决方式

（1）收费制健身房痛点——"定价过高"

痛点解决：互联网新模式试图开拓低消费用户市场，CLASSPASS是美国的一个健身房整合平台，用户每月只需99美元便可在20个城市2000多个不同的工作室和高端健身房参加无限的健身课程。

（2）"健身信息不畅"

痛点解决：互联网可提高健身场地信息传播力。"点评"模式是一种网络生活信息交流平台模式。"点评"模式为用户提供了商户定位、消费点评及消费优惠等信息服务。

（3）"健身设施利用不足"

痛点解决：互联网可有效提高健身场地利用率。Fitmob是一个成立在美国的健身课程预约软件，平台通过不断搜寻靠谱的优秀教练，引入更多既有趣又有效的健身项目以大课的形式吸引用户参与并互动。

（4）痛点——"私教推销严重"

"私教推销严重"痛点解决：私教O2O让用户远离推销，实现定制化。

（六）跑步活动分析

1. 跑步情况分析

（1）体育人群中超4成跑步，其中6成选择在公园跑。

（2）跑步人群中超4成参与跑步活动/比赛。

2. 痛点分析及解决

（1）跑步痛点——"活动门票供不应求"。

4成跑步活动/比赛参与者曾面临买不到活动门票的窘境。

（2）跑团概念分析。

75%的跑团人群每个月至少都能参加一次跑步活动。

网络跑团痛点——"用户拓展不足"。超两成跑步者对跑团有兴趣，不足两成用户现为跑团成员。

跑步痛点——"线下活动和社交不足"。超半数跑团成员希望能举办更多线下赛事并增加交流机会。

（七）智能体育硬件分析

1. 智能穿戴设备概念解析

智能穿戴是体育数据化、智能化最热门的领域之一。应用穿戴式技术对日常穿戴进行智能化设计，如智能手表、眼镜等，以及只专注于某一类应用功能，需要和其他如智能手机等配合使用，如各类进行体征监测的智能手环等。

2. 智能穿戴设备用户黏性仍较差

近5成用户仅使用过1款设备且不到1个月。

3. 智能穿戴设备仍存在的缺点

数据不准确、故障率高。

4. 智能穿戴发展方向

配合线上咨询，提供数据解读，提高数据价值。

五、互联网体育发展趋势

（1）改变赛事观看和竞技训练——虚拟现实技术低成本解决观看和训

练实景感难题。

（2）改变观赛体验——第一视角的观赛体验，仿佛身临其境。

（3）改变赛事观看和分析——竞技大数据让观赛者更加心中有数。

（4）改变赛事组织方式——互联网通过聚合大众力量实现赛事组织的根本变革。

（5）改变业余比赛和训练——智能球场让普通人体验明星的感觉，获得丰富的数据。

（6）改变业余体育场馆——体育场馆信息聚合、定价和预订。

（7）改变运动装备——智能体育硬件为运动插上数据的翅膀。

（8）改变运动教学——体感技术为在线教学提供互动支持。

（9）改变运动规划——根据数据定制的训练/饮食计划。

（10）改变运动放松——通过互联网随叫随到的运动护理。

参考文献

［1］Grattonc, Taylorp. Economics of Sport and Recreation［M］. NY: Routledge, 1999: 145.

［2］Morningstar Document Research. Manchester Unitedplc-MANU［R］, 2013.

［3］曹可强. 体育产业概论［M］. 上海：复旦大学出版社，2004.

［4］钟天朗. 体育经济学概论［M］. 上海：复旦大学出版社，2004.

［5］王方华. 现代企业管理［M］. 上海：复旦大学出版社，2005.

［6］蔡俊五，杨越. 奥运赞助谋略［M］. 北京：经济管理出版社，2004.

［7］刘波. 德国体育研究［M］. 北京：北京体育大学出版社，2012.

［8］李光明. 网络营销［M］. 北京：人民邮电出版社，2014.

［9］张群. 生产与运作管理［M］. 北京：机械工业出版社，2013.

［10］拉瑞·P. 里兹曼，李·J. 克拉耶夫斯基. 运营管理基础［M］. 王夏阳译. 北京：中国人民大学出版社，2005

［11］斯蒂芬·P. 罗宾斯. 管理学（第四版）［M］. 王凤彬译. 北京：中国人民大学出版社，1996

［12］F. 罗伯特·雅各布斯，理查德·B. 蔡斯. 运营管理（第十三版）［M］. 任建标译. 北京：机械工业出版社，2011.

［13］石莹. 服务运营管理［D］. 首都经济贸易大学博士学位论文，2002.

［14］陈捷. F 企业运营管理模式研究［D］. 天津大学博士学位论文，2011.

[15] 张冠文.互联网交往形态的演化——媒介环境学的技术文化史视角 [D].山东大学博士学位论文,2013.

[16] 谢强.我国体育用品品牌发展的现状研究 [D].湖南师范大学博士学位论文,2012.

[17] 高巍.完善我国体育产业政策体系研究 [D].东北师范大学博士学位论文,2014.

[18] 杨昌南.我国体育产业发展现状与未来发展对策的研究 [D].合肥工业大学博士学位论文,2010.

[19] 王仁彦.数据挖掘与网站运营管理 [D].华东师范大学博士学位论文,2010.

[20] 蒋黎.网站运营分析系统设计与实现 [D].电子科技大学博士学位论文,2013.

[21] 刘维龙.S拳击网站运营管理研究 [D].武汉工程大学博士学位论文,2014.

[22] 高峰.招聘网站运营管理模式研究 [D].北京邮电大学博士学位论文,2007.

[23] 李雪梅.旅游网站的运营模式研究 [D].北京邮电大学博士学位论文,2007.

[24] 陈平.C公司网络平台的运营模式研究 [D].苏州大学博士学位论文,2015.

[25] 郑柏玲.B2C电子商务网站盈利模式研究——以凡客诚品为例 [D].中国地质大学博士学位论文,2014.

[26] 都薇.中国SNS网站盈利模式研究 [D].华东师范大学博士学位论文,2009.

[27] 赵坤.商业网站盈利模式分析 [D].北京交通大学博士学位论文,2009.

[28] 彭俊杰.中国Groupon式团购网站的运营模式研究 [D].中国地质大学博士学位论文,2011.

[29] 张凯. 基于 BPR 的专业性网站运营模式研究［D］. 天津大学博士学位论文，2006.

[30] 王琼. 中国视频网站运营模式创新研究［D］. 北京印刷学院博士学位论文，2014.

[31] 陈子燕. 视频网站的商业模式研究［D］. 湖南师范大学博士学位论文，2014.

[32] 姚强. 中国电子商务网站运营情况的研究［D］. 对外经济贸易大学博士学位论文，2004.

[33] 曹鲲. 中小型 B2B 网站商业模式研究［D］. 浙江工业大学博士学位论文，2009.

[34] 何娜. 户外运动网站运营模式及网站发展趋势研究［D］. 北京第二外国语学院博士学位论文，2008.

[35] 潘华. 德国体育产业体系现状分析［C］. 第九届全国体育科学大会论文摘要汇编. 2011.

[36] 柳洲. "互联网+" 与产业集群互联网化升级研究［J］. 科学学与科学技术管理，2015（8）：75-76.

[37] 张洋，张磊. 网络信息资源评价研究综述［J］. 中国图书馆学报，2010，36（189）：75-89.

[38] 张研. 常用网站开发技术比较［J］. 学术纵横，2013（4）：117-119.

[39] 岳珍，赖茂生. 基于信息构建的网站设计理念研究［J］. 情报科学，2006，24（11）：1723-1731.

[40] 刘芳. 网站设计中应注意的问题［J］. 邯郸职业技术学院学报，2004，17（3）：57-59.

[41] 吴胜，苏琴. 面向资源的网站定位模型研究［J］. 情报探索，2011（11）：104-106.

[42] 吴昕. 中国网站盈利模式分析［J］. 新西部，2008（6）：208-209.

[43] 徐争荣. "互联网+" 时代传统行业的创新与机遇分析［J］. 互联

网天地，2015（5）：1-3.

[44] 陈锐彬. Web2.0时代网站运营模式发展趋势分析[J]. 信息与电脑，2010（8）：86-89.

[45] 张振宇. 网站建设与运营[J]. 计算机光盘软件与应用，2012（7）：116-117.

[46] 李淑芳. 中美体育产业比较研究[J]. 黄河水利职业技术学院学报，2007，19（4）：99.

[47] 郝海婷. 英国的体育休闲业[J]. 体育产业信息，2006（11）：12-15.

[48] 李晨. 英国：健身产业发展秘诀[J]. 体育产业信息，2012（8）：6-9.

[49] 姜同仁，张林. 英国体育产业发展方式及其经验借鉴[J]. 西安体育学院学报，2016，33（2）：130-131.

[50] 齐星，杨小帆. 国外体育产业发展概况[J]. 当代体育科技，2014，4（11）：166-168.

[51] 王慧. 中外体育产业发展比较研究[J]. 体育文化导刊，2013（6）：89-90.

[52] 周在平. 我国体育竞赛表演市场发展策略[J]. 文体用品与科技，2015（5）：23-25.

[53] 金汕等. 北京体育产业发展现状与对策研究——基于体育竞赛表演业和体育健身休闲业的视角[J]. 城市观察，2010（6）：69-70.

[54] 赵国春. 中国体育信息网络的组建和前景展望[J]. 浙江体育科学，1998，20（1）：65-68.

[55] 罗智波. 我国体育信息网络化数字鸿沟的原因及发展对策[J]. 军事体育进修学院学报，2010，29（3）：14-16.

[56] 张江南. 体育信息网络的建设和发展前景[J]. 情报学报，2002，21（1）：85-88.

[57] 周兰君，张天建. 国内外体育信息网络化发展现状及对策研究

[J]. 广州体育学院学报，2003，23（6）：5-15.

[58] 葛余辉等. 我国体育网站研究现状与对策［J］. 科技信息，2008（16）：17-18.

[59] 马沛军等. 我国体育类网站发展现状的调查分析［J］. 湖南工业大学学报，2008，22（3）：61-66.

[60] 付晓静，杨格. 体育专业网站的成功之道——以虎扑网为例［J］. 传媒观察，2013（9）：35-37.

[61] 张守忠. 我国体育网站运营模式分析［J］. 体育文化导刊，2014（12）：94-97.